LA VÉRITÉ

SUR LES

MACHINES A BATTRE

A VAPEUR ET A MANÈGE.

FLÉAU. — PIÉTINEMENT. — ROULEAU.

BATTEUSE ET MANÈGE

PERFECTIONNÉS.

EXPÉRIENCES CONCLUANTES

Récemment faites dans les environs de Toulouse.

Par E. de PLANET

Membre de la Chambre de Commerce de Toulouse, membre de la Commission départementale à l'Exposition Universelle française.

A TOULOUSE

Chez l'Auteur, rue des Amidonniers, 41,

Et chez les principaux Libraires.

1858

LA VÉRITÉ

SUR LES

MACHINES A BATTRE

A VAPEUR ET A MANÈGE.

FLÉAU. — PIÉTINEMENT. — ROULEAU.

BATTEUSE ET MANÈGE

PERFECTIONNÉS.

EXPÉRIENCES CONCLUANTES

Récemment faites dans les environs de Toulouse,

PAR E. DE PLANET

Membre de la Chambre de Commerce de Toulouse, membre de la Commission départementale à l'Exposition Universelle française.

A TOULOUSE

Chez L'AUTEUR, rue des Amidonniers, 41.

Et chez les principaux Libraires.

1858

Toulouse, Imprimerie Troyes Ouvriers Réunis.

Le battage mécanique du blé est devenu plus que jamais aujourd'hui une question agricole et industrielle de la plus haute importance.

Agricole : parce que le revenu du sol français doit s'accroître sensiblement par l'introduction dans la plus petite, comme dans la plus grande exploitation, des nouveaux procédés de battage.

Industrielle : car la meunerie, la minoterie, la boulangerie et certaines industries qui emploient les farines comme matière première, demandent depuis longtemps à l'agriculture des blés moins poussiéreux, afin qu'elles puissent livrer à la consommation des produits plus beaux, et obtenir ainsi des débouchés plus certains. Nos ateliers de construction doivent également trouver dans l'emploi des Batteuses une source nouvelle de travail.

La salubrité est sérieusement intéressée aussi à l'adoption des machines à battre ; c'est là un fait que constatent toutes les tentatives qui ont été faites pour assainir les grains destinés à l'alimentation de l'homme.

En présence de ce triple intérêt, dont le bilan annuel se solde par une perte énorme, il nous a semblé que nous pouvions lui être utile, en livrant à la publicité les renseignements dès longtemps recueillis par nos soins sur le battage mécanique.

La crainte de n'être pas écouté ou compris en venant prendre part au débat, que soulève une importante question, étrangère en apparence à notre spécialité, n'a pu nous retenir.

Une foi entière dans ce que nous croyons être un grand pas dans la voie du progrès agricole, nous aurait-elle ébloui ou fait nous méprendre sur la portée des moyens que nous proposons? Si cela était, notre but justifierait plutôt notre impatience que notre erreur : le battage mécanique n'étant plus pour nous qu'une question de temps.

A ceux d'ailleurs qui déclineraient notre compétence, en pareille matière, nous répondrons : dépouillant notre spécialité, nous sommes allé sur le terrain des expériences; et là, près de l'agriculteur, au milieu des vicissitudes atmosphériques qu'il subit, des complications que lui imposent les anciens procédés de battage, des pertes qu'il éprouve, nous avons engagé la lutte entre le passé et le présent, notant, avec attention et une impartiale sévérité, toutes les circonstances de cette épreuve décisive d'un haut intérêt.

Ne nous serait-il pas permis de dire, qu'avec cet agriculteur nous avons pu constater, une fois de plus, les pertes que cause en argent et en temps, l'emploi du rouleau, du fléau ou du piétinement pour le battage du blé? pertes qui se multiplient par des chiffres trop élevés pour qu'elles ne se fassent pas cruellement sentir dans les mauvaises années.

Il n'est personne, croyons-nous, qui, en présence de ces grands intérêts dont nous signalons la souffrance, repousse ou dédaigne nos avertissements, parce que, industriel, nous ne pouvons nous honorer d'un titre de plus : du titre d'agriculteur.

Cette confiance, et notre conviction profonde, que *le battage économique n'est autre chose que le battage en tout temps*, nous ont seules fait sortir un moment de la sphère modeste où nous retiennent nos goûts et nos habitudes.

Heureux si nous n'avons pas trop présumé de nous-même, en essayant de dissiper les illusions, d'épargner de ruineux mécomptes aux agriculteurs et aux constructeurs de machines, en proclamant ce que nous croyons être la vérité!

MACHINES A BATTRE LE BLÉ.

Première Partie.

CONSIDÉRATIONS GÉNÉRALES SUR LE BATTAGE DES GRAINS.

I.

Il y a environ trois-quarts de siècle, qu'un mécanicien écossais, nommé André Meikle, imagina et fit construire une machine destinée à séparer le blé de la paille, opération qu'on avait tentée, mais inutilement avant lui, par des moyens mécaniques.

Si l'idée de Meikle, comme celle de ses prédécesseurs dont les noms sont restés inconnus, répondait à un besoin réel : celui d'extraire de leur enveloppe ou de séparer de leur tige, d'une manière plus parfaite que par les moyens connus, les graines des diverses plantes, et plus particulièrement celle de froment, il y a lieu de s'étonner que ce mode d'égrénage ait été adopté avec une lenteur telle qu'on voit à peine fonctionner dans nos départements méridionaux quelques-unes de ces utiles machines.

Perfectionnées par le génie industriel moderne, combien loin cependant elles ont laissé derrière elles l'invention écossaise pour la précision, l'économie de force et d'argent! Pourquoi donc cette indifférence? Pourquoi ce délaissement d'un instrument si précieux? Faut-il, pour justifier nos agriculteurs, rappeler que ce n'est que successivement, et après de longs tâtonnements, que les machines à battre sont devenues ce qu'elles sont aujourd'hui? Sans doute, cela est vrai; mais ne perdons pas de vue non plus que presque toujours leur timidité ou leur prudence exagérée ont opposé un obstacle sérieux aux tentatives des mécaniciens, et ont plus d'une fois paralysé leurs efforts. Que ces derniers ne se plaignent pas, c'est une loi qu'il faut subir. N'en a-t-il pas été de même, d'ailleurs, pour la plupart des instruments employés aux travaux agricoles? Que d'efforts, de persévérance, pour faire adopter dans nos contrées la charrue en fer, plus solide et d'un maniement plus facile que la charrue en bois; quel temps ne faudra-t-il pas pour que l'araire à âge court qui, au dire de M. de Dombasle, a doublé dans l'espace d'un quart de siècle la valeur des terres arables en Ecosse, se substitue à notre charrue à timon raide?

Le rouleau lui-même, ce rival obstiné de la machine à battre dans nos campagnes, a eu aussi ses adversaires, et ce n'est que peu à peu, dans le cours d'une période de quarante années, qu'il a, sinon dans toutes, du moins dans la plupart de nos fermes, remplacé le fléau ou le piétinement des chevaux.

Pour donner une idée des épreuves qui attendent encore les constructeurs de machines agricoles, nous ne pouvons mieux faire que de citer ici un passage d'un ouvrage dû à la plume d'un agriculteur dont on ne saurait contester le mérite. M. le comte Louis de Villeneuve s'exprimait ainsi, en 1819, au sujet du rouleau :

« Il y a plusieurs manières d'extraire le grain de » la paille. Les uns se servent de chevaux ; cette » méthode est très expéditive et rend la paille plus » douce pour les bestiaux, mais elle laisse du grain » dans les paillers. Les environs de Castelnaudary, » le Bas-Languedoc et quelques autres cantons se » servent de chevaux, à cause de la rareté des bras. » Dans la plus grande partie de nos départements » environnants, et notamment dans celui de la Haute- » Garonne, on se sert du fléau ; c'est, sans contre- » dit, la manière la plus sûre de bien extraire le » blé des épis, si on a le soin de ne battre la récolte » que par un temps bien chaud et de ne pas étendre » les gerbes trop épais. Malheureusement ce travail » est fort long et demande une série de beaux jours. » C'est la manière qui se trouve en usage chez moi ; » j'emploie vingt hommes et vingt femmes ayant pour » salaire le neuvième des grains, etc. (1).

» Depuis quelques années des propriétaires ont » adopté des rouleaux pour battre leur récolte, et » les essais en ce genre ont été très multipliés. *J'en* » *ai examiné plusieurs, sans y reconnaître encore* » *les grands avantages dont on se flattait*. En géné- » ral, je crois que dans des cantons aussi peuplés » que les nôtres et dans une circonstance où l'intro- » duction des mécaniques pour la filature va laisser

(1) Quarante personnes pour battre une récolte de 9,959 gerbes de blé et 9,942 gerbes d'avoine !

» tant de bras inutiles, il n'est pas sans inconvé-
» nient d'adopter promptement des procédés qui
» peuvent enlever les moyens d'existence à une classe
» nombreuse du peuple, et cela sans un résultat
» bien avéré d'utilité générale. En Angleterre, tou-
» tes les machines qui peuvent économiser la main
» d'œuvre ont moins d'inconvénient à cause des
» ressources que peuvent offrir à la population les
» débouchés du commerce du monde, et cependant
» cet inconvénient s'y fait déjà sentir d'une manière
» effrayante. Nous n'avons pas les mêmes ressources
» commerciales que les Anglais; craignons donc, à
» force d'économiser les bras, de finir par éprouver
» ce terrible fléau de la taxe des pauvres, qui, selon
» Arthur Young, a porté jusqu'ici à l'agriculture de
» l'Angleterre un tel préjudice, qu'il l'aurait anéan-
» tie, si les ressources d'un vaste commerce et les
» grands avantages de ses banques n'eussent remé-
» dié à la détresse des propriétaires; d'ailleurs,
» l'excellent système constamment suivi en Angle-
» terre de ne pas laisser tomber les grains à un trop
» bas prix, présente encore une sorte de compen-
» sation. Au reste, je suis loin de proscrire toutes
» les nouvelles découvertes en économie rurale, et
» l'usage du rouleau, *s'il se perfectionnait*, laissant
» encore une part assez considérable à la main d'œu-
» vre, pourrait s'établir insensiblement. Mes obser-
» vations n'ont, en effet, d'autre but que de nous
» préserver d'adopter trop promptement des métho-
» des économiques qu'il sera toujours plus prudent
» de n'embrasser qu'avec réserve. »

Nous ne ferons aucun commentaire sur les considérations qui ont dicté ce passage d'un livre écrit, disons-nous, en 1819; chacun étant aujourd'hui en même d'apprécier à leur juste valeur les déductions économiques tirées par l'auteur ou les craintes qu'il exprimait à cette époque, à l'occasion de l'emploi du rouleau. Mais nous ne pouvons nous empêcher de faire remarquer que si l'industrie manufacturière avait attendu pour filer et tisser le coton, la laine, etc., la mull-jenny, la carde, le métier, les plus perfectionnés, la machine à vapeur la plus économique, nous n'aurions que point ou très peu de fabriques. Nous n'aurions pas de chemins de fer, si nous eussions attendu la locomotive ou le rail, qui sera le dernier terme de la perfection.

Ces restrictions traditionnelles opposées aux efforts de l'industrie, ces conditions de perfection exigées ne sont pas nouvelles, on le voit; elles ont été et sont encore de nos jours la pierre d'achoppement de tout progrès rapide en agriculture. Et ici nous ne voulons pas parler de ce progrès ruineux que condamnent tous les hommes sensés, mais de celui qui réalise une économie certaine.

Des agriculteurs éclairés, des agronomes distingués par leur savoir et leur prudence, ont bien souvent signalé les avantages incontestables que présente sur tous les modes connus le battage mécanique des grains; l'Angleterre, l'Amérique, la Suède, la Prusse, l'Autriche, les divers états de l'Allemagne, le nord de la France se servent depuis longtemps des machines à battre; leur adoption s'y généralise de plus en plus aujourd'hui, ainsi qu'on pouvait le constater aux imposantes exhibitions de 1855 et 1856; le Midi seul est resté en arrière. Pourquoi cela? C'est que chez nous le sentiment dominant, c'est toujours la crainte d'égarer un choix trop précipité et d'adopter des machines qui ne seraient pas, sous tous les rapports, le dernier terme d'une perfection que l'on attend peut-être en vain, croyons-nous, tout en se privant des avantages plus sérieux et plus réels que l'on trouverait dans l'emploi de ces précieux auxiliaires des travaux de la ferme.

Sans doute, l'industrie agricole n'est pas soumise aux mêmes exigences que l'industrie manufacturière, et ses intérêts ne souffrent pas à un égal degré, tant s'en faut, de rester attachée aux vieux systèmes d'instruments ou de culture, puisque la concurrence qui tue le manufacturier retardataire, n'a aucune action sur l'agriculteur; mais si ce dernier prenait la plume, calculait et additionnait ce que lui a coûté, depuis l'introduction en France des batteuses, c'est-à-dire depuis quarante ans, l'emploi du fléau, du piétinement ou du rouleau pour le dépiquage du froment, il serait étonné de trouver, pour une production de trois cents hectolitres de blé, une perte de 38,500 francs, en admettant un prix moyen de l'hectolitre de 20 fr., la moyenne du blé laissé dans les paillers, comme dit M. de Villeneuve, de 5 0/0 et en composant l'intérêt. Ce chiffre s'élèverait plus haut encore si nous tenions compte du temps perdu.

Certes, il y a là matière à réflexion, quand on songe surtout que dans bien des cas les vieux procédés de battage peuvent laisser jusqu'à 11 0/0 et plus dans la paille. En effet, dans l'essai fait à Trappes, en 1855, les cinq batteurs au fléau qui luttèrent avec les machines Pinet, Pitts, Duvoir et Clayton, laissèrent 10,924 ou environ 11 0/0 de blé; enfin, les deux savants rapporteurs du jury de la sixième classe à l'Exposition universelle, MM. Moll et Hervé-Mangon, évaluent cette quantité au moins à 5, souvent 10 et jusqu'à 15 0/0.

Nous avons vu plus d'une fois cependant faire le compte des prix de revient comparés du battage mécanique et du battage au rouleau ou autres moyens tout aussi imparfaits, mais jamais que nous sachions la valeur du blé *laissé* n'a figuré dans ce compte. C'était là pourtant, ce nous semble, le point essentiel et le côté le plus intéressant de la question ; car les frais apparents de journées, de chevaux ou d'hommes peuvent être considérablement augmentés par la perte résultant d'un battage imparfait, lequel a lieu trop souvent par suite de la négligence d'un personnel d'habitude peu soigneux et plus souvent encore par suite des variations de l'atmosphère.

A ce sujet, nous avons entendu bon nombre d'agriculteurs de nos contrées nous dire : cela peut être vrai pour le Nord, mais nous, nous avons le soleil, et sa puissante action rend, pour notre pays, bien moins indispensable l'adoption du battage mécanique ; cette opinion, très répandue, est-elle fondée ? L'est-elle surtout pour notre région du Sud-Ouest? C'est ce que nous allons examiner. Pour cela, nous empruntons au tableau que nous avons dressé de la météorologie agricole de Toulouse et de Paris comparées, d'après les observations de M. Petit, directeur de l'observatoire de notre ville et du directeur de l'observatoire de Paris, des indications précieuses et de nature à prouver aux plus incrédules : que, dans la période des quatre dernières années de 1854 à 1857 inclusivement, les mois d'août, septembre et octobre, pendant lesquels a lieu d'ordinaire le battage des grains, ont été loin de présenter ces conditions exceptionnelles qui pourraient, jusqu'à un certain point, si elles existaient, justifier leur prédilection pour le fléau, le piétinement ou le rouleau.

Nous trouvons, en effet, après avoir écarté le mois de juillet employé à la moisson, à lier, transporter et mettre en meules les gerbes, que la moyenne des jours sans nuages, pendant les trois autres mois, et pour chacune des années précitées, a été :

Pour Toulouse, 30,25 jours.
— Paris, 31,50 *id.*

La moyenne des jours variables, nuageux ou demi-couverts :

Pour Toulouse, 42,75 jours.
— Paris, 34,75 *id.*

Le nombre des jours totalement couverts, toujours en moyenne :

Pour Toulouse, 31 jours.
— Paris, 41 *id.*

La quantité d'eau tombée dans les trois susdits mois pris collectivement, et pour chaque année, est en moyenne équivalente à une hauteur par mètre carré de superficie :

Pour Toulouse, 542 millimètres.
— Paris, 570,75 *id.*

La moyenne des jours de rosée par mois :

A Toulouse, 10,40 jours.
A Paris, 13,60 *id.*

Celle des jours de brouillard :

A Toulouse, 2,40 jours.
A Paris, 4,25 *id.*

Enfin, la température moyenne des quatre années 1854, 1855, 1856 et 1857, a été :

	Pour Toulouse.	Pour Paris.
En août,	21°,76	18°,05
— septembre,	18°,69	15°,30
— octobre,	14°,01	11°,40

Vouloir trancher d'une manière absolue la question de l'influence sur le battage, des deux conditions climatériques que nous venons de constater à l'aide de ces rapprochements, n'est pas dans notre pensée, nous nous hâtons de le déclarer. Nous savons que pour avoir des moyennes exactes, il faut en multiplier les éléments; nous avons voulu seulement constater un fait : celui de l'existence de conditions à peu près égales pour le battage des grains, sous les deux latitudes, pendant ces quatre dernières années.

Nous nous croyons également autorisé à admettre comme conséquence de ce fait : que l'emploi des machines à battre étant reconnu indispensable dans les exploitations agricoles des environs de Paris qui ont joui, comme nous, pendant ces quatre années, de trente-un jours et demi d'un soleil splendide, moins chaud, il est vrai, d'environ trois degrés que le nôtre, mais d'une énergie suffisante relativement à son action sur l'égrénage des blés; nous croyons, disons-nous, que les agriculteurs de nos contrées qui ont été placés sous l'influence de conditions météorologiques qui diffèrent peu ont à tort invoqué, pour repousser les batteuses dans ces quatre années, les avantages d'une position qui est loin, comme on l'a vu, d'être exceptionnelle.

Seraient-ils plus fondés à persister dans la confiance que leur inspire notre climat, en présence des incertitudes de l'avenir? Nous ne le pensons pas; car, depuis plusieurs années, des modifications profondes dans la vie végétative de quelques-unes de nos plantes les plus précieuses, si elles ne tiennent pas absolument à des influences climatériques nouvelles, que des lois inconnues pourraient rendre permanentes, n'en sont pas moins faites, par leur durée et leurs fréquents retours, pour éveiller l'attention et conseiller de se tenir en garde contre des éventualités, dont l'oubli ou la négligence coûtent toujours bien cher à l'agriculture.

II.

En 1799, c'est-à-dire trois ans après l'invention de Meikle, déjà perfectionnée par Guillaume Tunstall de Ripley Yorksire, des expériences faites avec la machine brevetée de ce dernier, constatèrent que pas une seule gerbe de paille battue au fléau ne produisait pas moins de trois à quatre onces de blé, en la passant à travers cette machine. Le comte de Shafterbury, qui en avait un des premiers introduit l'usage dans ses terres, déclarait : que les gerbes qu'on y faisait passer étaient si bien nettoyées qu'elles ne rendaient pas de grain à une seconde épreuve. Enfin, de nouvelles expériences faites à cette époque avec toute la rigueur que nécessitait un objet aussi important, démontrèrent : qu'il restait toujours dans la paille battue au fléau *assez de grain pour ensemencer la terre*, et que toute cette immense quantité de blé est gagnée pour la société par l'introduction et l'usage des machines à battre.

Il y a près de soixante ans que ces constatations eurent lieu en Angleterre, et la publicité qui leur fut donnée contribua à éveiller l'attention des agriculteurs de quelques contrées du nord de l'Europe, où l'incertitude du climat et la rigueur des hivers faisaient une loi d'user des moyens de battre à couvert les plus énergiques.

Les machines à battre répondaient admirablement à ces besoins; elles furent adoptées presqu'aussitôt.

Les agriculteurs du nord de la France accueillirent également avec faveur, mais plus tard, vers 1818, les premières machines que lui envoyèrent l'Angleterre et la Suède; machines du système de Meikle laissant encore beaucoup à désirer, mais incontestablement plus avantageuses que le fléau.

L'exemple donné par M. de Dombasle, qui ne dédaigna pas de prêter son nom à l'un de ces appareils perfectionné par ses soins, ne contribua pas peu non plus, principalement dans la région de l'Est, à favoriser leur adoption.

Chez nous, l'indifférence la plus complète accueillit seule pendant bien longtemps le battage mécanique. Si plus tard, grâce aux persévérants efforts de la Société d'Agriculture de Toulouse et à l'initiative de quelques hommes de progrès, des essais furent tentés, ils ne trouvèrent dans nos contrées qu'incrédulité, timidité ou défiance.

Aujourd'hui un mouvement sensible semble se faire dans les idées; l'opinion des agriculteurs sur le battage mécanique s'améliore, et l'on a pu voir, par suite de cette réaction qui a lieu très souvent en pareille circonstance, des chefs d'exploitation, qu'effrayait naguère la plus simple combinaison mécanique, adopter d'emblée les systèmes les plus coûteux et les plus compliqués de l'industrie moderne.

Dans cette nouvelle voie, beaucoup d'hommes sensés l'ont compris, il s'agit moins d'exciter que de retenir et d'éclairer l'opinion, toujours prête à s'égarer au grand détriment du véritable progrès.

Mais n'anticipons pas sur ce que nous avons à dire à ce sujet; nous y reviendrons d'une manière toute spéciale, quand nous parlerons des divers systèmes de machines à battre, envisagés au point de vue des besoins de nos contrées méridionales.

Le point capital pour nous en ce moment, c'est de bien établir ce qu'il en a déjà coûté à l'agriculture, et ce qu'il lui en coûterait encore, si elle persistait à conserver ses vieux engins, qui n'agissent d'une manière efficace, qu'à la condition d'avoir pour auxiliaires un ciel sans nuages et un soleil ardent, concours puissant sans doute, mais qui, bien souvent, fait défaut ou ne vient qu'entre des jours d'orage ou de pluie ; causant ainsi de longues et de fréquentes interruptions à une opération qui, pour être bien faite et économique, doit être continue. Voyons les conséquences : si, à partir du mois d'octobre, époque où commencent à arriver à Toulouse les premières pailles de l'année, destinées à la vente, on se transporte sur nos marchés, et qu'on examine attentivement les épis qui ont subi l'épreuve du rouleau sur l'aire, et, si l'on veut un moyen d'appréciation plus complet, qu'on assiste au déchargement de ces pailles, on sera convaincu que nous en sommes en 1858 au même point où en était l'Angleterre en 1799, c'est-à-dire qu'il ne nous serait pas difficile de constater, comme cela fut fait alors dans le comté d'York, qu'il reste dans la paille battue au fléau ou au rouleau assez de grain pour ensemencer la terre.

Qu'on ne s'étonne pas de nous voir mettre le fléau et le rouleau sur un même pied d'impuissance; nous n'inventons rien, il y a près de quarante ans qu'on l'a dit, et certes on ne se trompait pas. On sait, en effet, que l'un et l'autre moyen n'agissent dans des conditions satisfaisantes que pendant la plus faible partie des jours consacrés au battage; que le rendement en grain, résultant de l'emploi de l'un ou l'autre mode, est toujours en raison inverse de l'épaisseur de la couche de gerbe soumise à leur action, ce qui veut dire que, pour bien égréner les épis, il faut une longue série de beaux jours, circonstance qui est l'exception.

III.

Appelé, il y a de cela vingt-cinq ans, par des relations dont nous avons conservé un précieux souvenir, auprès de Molard, nous avons entendu bien des fois le savant sous-directeur du Conservatoire des arts et métiers nous dire, alors que, assis sur son fauteuil à roulettes, il traçait, du bout de sa canne, sur le sable des allées du jardin de l'hôtel Vaucanson, la figure de l'organe principal de sa machine à battre : « Si les fermiers de la grande et de la moyenne propriété entendaient bien leurs intérêts, ils pourraient avoir pour rien, après la deuxième année, une batteuse bien organisée, soit, parce qu'ils obtiendraient un rendement de 7 à 8 pour cent en moyenne supérieur à celui obtenu précédemment, soit en repassant les pailles d'autrui, retenant à peu près partout, après le battage au fléau, cette même quantité de blé. »

« Le compte était, au reste, facile à établir, » ajoutait-il : quatre chevaux attelés deux à deux et » relayés chaque trois heures pouvaient, sans trop » de fatigue, faire tourner le manége qui transmettait la force motrice à la batteuse, à travers laquelle on pouvait passer 4,000 kil. de paille en » dix heures. Ces 4,000 kil. de paille sont l'équivalent de 545 gerbes fauchées, du poids de 11 » kilog. chacune, moins 34 pour cent poids du

» grain, ou 25 hectolitres environ, en supposant 80 » kilog. à l'hectolitre.

» Or, en admettant une moyenne entre 5 et » 10 pour cent pour la quantité de blé ordinairement » laissé par le fléau, soit 7 1/2 pour cent, on pour- » rait retirer de ces 4,000 kilog. de paille, environ 2 » hectolitres de blé, valant, au prix de 20 fr., 40 fr.

» Les frais à déduire :

» 4 chevaux à 2 fr. par jour,	8	29 fr.
» Double chargement et décharge- » ment, transport,	15	
» Passage à la batteuse,	6	
» Reste pour bénéfice net par jour,		11 fr.

Ainsi, toutes les fois que le prix du blé était pas descendu au-dessous de 20 fr., il y avait un certain avantage à retirer de cette opération, laquelle devenait bien autrement fructueuse, quand le blé valait de 25 à 30 fr. par exemple.

Au reste, cette idée, pour n'être pas nouvelle, n'en était pas moins juste et confirmée par les faits, puisqu'il y a plus de 60 ans que, dans plusieurs parties de l'Angleterre, des batteurs trouvaient leur compte à repasser les gerbes qui avaient été déjà suffisamment battues à la manière ordinaire, selon l'opinion des fermiers. L'on a vu également dans le nord de la France des industriels se livrer, avant l'introduction des batteuses, à cette spéculation, et vivre toute l'année d'un travail de quelques mois.

Bien des fois il nous est venu dans la pensée de mettre à profit nos entretiens avec Molard, et de repasser à une machine énergique par son action les pailles incomplétement battues au fléau ou au rouleau; mais une exploitation industrielle absorbant alors tous nos moments, il ne nous fut pas possible de réaliser ce projet. Nous avions cependant déjà, des données suffisantes pour agir avec certitude, car, chez nous comme dans le Nord, comme autrefois en Angleterre, que de blé perdu par l'emploi des vieux procédés d'égrénage!

Une longue observation et aussi de nombreux renseignements pris à bonne source, nous ont démontré que le rouleau uni en pierre, opérant dans les conditions habituelles de poids et de forme, suivi d'une *lisse* et avec le soleil des longues journées les plus chaudes du mois d'août, laisse, en y comprenant le grain resté dans l'épi et celui mêlé à la paille, de 3 à 5 pour cent; de 5 à 7 avec un temps sombre ou un vent du sud-est humide; et jusqu'à 10 pour cent, quand ces derniers succèdent à de longues ou fortes pluies qui ont pénétré les gerbiers. La perte peut être autrement sérieuse, quand une pluie d'orage surprend une airée de gerbes avant que le battage n'en soit terminé.

Nous avons dépouillé, cette année, des pailles battues au rouleau provenant du département du Var, et nous en avons retiré de 5 à 6 pour cent de blé. Il est à supposer qu'une partie du grain était restée sur les lieux par suite du maniement de ces pailles. D'après cela, on peut comprendre combien il serait important pour ces localités où la production ne suffit pas à la consommation, de n'employer que des moyens perfectionnés de battage.

Des témoins oculaires nous ont affirmé que dans le Roussillon, pays où, comme dans le Var, le soleil aide très puissamment l'action du rouleau, les pailles retiennent encore une proportion de grain assez importante pour éveiller l'attention des agriculteurs de ces contrées, et leur faire comprendre la nécessité de recourir aux batteuses.

A Toulouse, au mois de décembre 1857, nous avons vu des charretées de paille, chargées à trois chevaux, où l'on n'avait pas besoin de chercher les épis contenant du blé; ils se présentaient par masses avec 3 à 10 grains, beaucoup entièrement pleins. Nous ne nous permettrons pas de dire d'où provenaient ces pailles; mais est-il possible qu'un fait aussi regrettable échappe à la connaissance du propriétaire ou du fermier, alors qu'il ne s'agit pas de faibles quantités, mais de plusieurs cent mille kilogrammes.

Des chargements de pailles battues au fléau et provenant de petites propriétés avoisinant le canton nord de Toulouse, nous ont offert cette circonstance, qu'il fallait chercher beaucoup plus pour trouver des épis sans grains que des épis depuis un sixième jusqu'aux trois-quarts pleins. Cela est déplorable, mais cela est, et se comprend, quand on n'ignore pas quel rude labeur c'est pour l'homme de ne pouvoir obtenir par ce moyen barbare un hectolitre de blé qu'au prix de 11,250 coups de fléau frappés sous l'action énervante, mais nécessaire, d'un soleil caniculaire.

Désireux enfin de connaître ce que pouvaient contenir de blé des pailles provenant de gerbes battues en plein été, au soleil, au moyen d'un pesant rouleau en pierre, traîné par deux chevaux et suivi d'une lisse (sorte de lourd châssis plein en chêne ou orme, taillé en dessous en crémaillère dont les dents transversales sont garnies de lames de fer), nous avons prié le propriétaire de mettre à notre disposition une partie de cette paille. Malheureusement l'envoi n'en a été fait que dans les premiers jours de décembre, c'est-à-dire quand déjà les souris avaient butiné dans la meule ; malgré cela, malgré le battage de ce genre le plus énergique, malgré enfin la perte du grain résultant de l'extraction de la meule, du maniement et du transport, il restait encore dans cette paille 3 pour cent du grain récolté. Or, la totalité de la récolte en blé de cette propriété s'étant élevée à 230 hectolitres, 7 hectolitres de blé environ seraient restés dans la paille; c'est à raison de 20 fr. l'hectolitre, 140 fr. de perdus.

Perdus? Non, disent les propriétaires, les animaux profitent de ce blé. Cela peut être vrai pour ceux qui font consommer leurs pailles, sur place, bien que le plus souvent ce grain laissé ne serve qu'à nourrir les rats de la ferme et à les attirer dans ce fourrage qu'ils souillent de toutes manières. Mais, quoi qu'il en soit à cet égard, on ne contestera pas que, quand les pailles sont portées au marché, le grain laissé ne soit perdu pour le propriétaire ou le fermier. Les préposés au service du magasin à fourrage de l'administration militaire savent bien ce que vaut ce grain, et encore ne bénéficient-ils que de celui interposé entre les brins de paille, grain qui tombe par le maniement, le bottelage et non de celui contenu dans les épis imparfaitement égrénés.

Les grandes et les petites exploitations sont celles qui laissent le plus de grains. Les unes, parce que, bien qu'elles possèdent plusieurs aires à battre fonctionnant simultanément, n'en sont pas moins forcées de presser leur travail pour profiter des plus beaux et des plus longs jours de la saison ; les autres, à cause de l'insuffisance de leurs moyens d'égrénage. Que de fois n'avons-nous pas vu des rouleaux du plus petit modèle, traînés par un chétif cheval, rouler sur des couches de gerbes de 15 à 20 centimètres d'épaisseur, alors que, d'après M. de Gasparin, *pour faire sortir entièrement les grains des épis*, il faudrait faire passer sept fois un rouleau de 900 kilog. sur les gerbes étendues en couche de 6 centimètres seulement : ce qui obligerait à recharger l'aire au moins deux fois chaque jour, opération en quelque sorte impraticable eu égard au travail et à la perte de temps qu'elle occasionnerait.

Pour obvier à cet inconvénient, on a, dans les grandes et les moyennes exploitations, augmenté le poids du rouleau en pierre, lequel a été porté jusqu'à 1,500 kilog. et au-delà. Mais alors il a fallu deux bêtes, fatiguant bien davantage, à cause de l'attelage de front qui oblige l'une d'elles à marcher constamment plus vite que l'autre, par suite de la différence de grandeur des deux circonférences qu'elles décrivent. Il en résulte une irrégularité sensible dans la marche du rouleau et un battage imparfait.

Une des circonstances qui ajoute le plus à cette imperfection est, sans contredit, la nécessité où l'on est de se presser. La durée générale du battage en plein air est limitée ; celle d'une opération journalière l'est également. Une airée de gerbes ne souffre pas pour être achevée d'être remise au lendemain. D'ailleurs, dans notre système, l'associé estivandier auquel l'usage attribue du 7e au 11e, suivant les localités, pour effectuer depuis le sarclage jusqu'à la mise en meules des pailles et nettoiement complet des grains, ne se prêterait qu'avec mauvaise grâce ou se refuserait même à un travail inusité, s'il n'était impérieusement commandé par son propre intérêt. Une airée inachevée, surprise par une pluie d'orage et formant ce qu'on appelle un *gâteau*, oblige forcément à terminer le travail un autre jour; mais, à part ce cas exceptionnel, l'opération que comporte une airée doit s'accomplir entre le lever et le coucher du soleil. Parfois, il est vrai, la nuit est venue quand la place est définitivement faite à l'opération du lendemain; mais ici c'est l'intérêt de l'estivandier qui est aussi en jeu, intérêt qu'il fait consister principalement dans le plus prompt achèvement de la tâche à laquelle il est tenu. La perfection de ce travail n'a pour lui qu'une importance tout-à-fait secondaire, à moins que la proportion du grain laissé ne fût très considérable, et que sa valeur ne constituât pour lui une perte, s'élevant au niveau du prix de la journée qu'il espère après son travail à forfait.

Ainsi, dans l'exemple cité plus haut d'une récolte de 230 hectolitres de blé, la valeur du grain laissé dans la paille a été de 140 fr., dont le 11e pour les six estivandiers ayant effectué les travaux de la récolte, est 12 fr. 72 ou 2 fr. 12 c. pour chacun. Si donc pour sauver cette quantité de blé il eût fallu six jours de travail, le propriétaire eût gagné 127 fr. 28 c., moins 25 fr. 20 pour la nourriture des chevaux ou 102 fr. 08, tandis que les estivandiers eussent perdu environ 4 fr. chacun, en supposant une journée minimum de 1 fr.

Et que l'on ne s'imagine pas que ce calcul n'a pas lieu de la part des cointéressés au produit de la récolte; il est fait au contraire, je puis l'affirmer, avec cette précision qui distingue les évaluations auxquelles se livre le travailleur agricole quand son intérêt est en jeu.

Les machines à battre assurant un égrénage rapide et parfait, combinent admirablement les deux intérêts, que le rouleau ou le fléau tiennent encore en lutte continuelle ; lutte dans laquelle le triomphe reste toujours à l'inertie ou au mauvais vouloir. D'ailleurs, il faut être juste, la durée des opérations du battage par ces moyens, interrompue par des jours de pluie qui condamnent parfois à une longue inaction tout le personnel d'une propriété rurale, fait bientôt naître l'impatience d'en voir arriver la fin. On se presse d'autant plus, que le temps est plus inclément, qu'il faut en définitive achever, coûte que coûte, et l'on n'atteint ainsi dans les années pluvieuses la fin du battage qu'après avoir laissé des quantités énormes de blé dans les pailles.

Avec les machines à battre, tous ces inconvénients disparaissent. Si l'on est assez heureux pour avoir à sa disposition un espace libre, couvert, de quelques mètres carrés de surface et la gerbe à l'abri, on peut battre en tout temps ; car, ni la nuit, ni la pluie n'imposent la précipitation ; on peut dépouiller complétement la paille de son grain et réaliser ainsi une économie importante dans les frais de battage ; et ce qui est peut-être plus précieux, une économie de beaux jours, que l'on peut très utilement employer à cette époque de l'année.

IV.

Un grand nombre d'agriculteurs ont compris ces avantages ; mais tous ne se sont pas encore rendus à l'évidence. Tâchons de les convaincre.

Parmi la foule de raisons qu'ils opposent à l'adoption des batteuses, nous trouvons au premier rang celles-ci :

1° Les batteuses en général ne diminuent pas les frais de battage, elles les augmentent au contraire.

2° Les machines que l'on pourrait acheter, parce que leur prix est à la portée des moyennes exploitations, ne font pas plus de travail que le rouleau, quelquefois moins, coûtent plus cher, sont d'un service beaucoup plus difficile ; quelque simple qu'en soit leur mécanisme, il est sujet à des dérangements fâcheux, surtout à la campagne.

3° Les batteuses ne procurent pas un rendement plus élevé que le fléau ou le rouleau.

Ce dernier argument, bien plus sérieux à notre point de vue, vient comme le trait du Parthe frapper au cœur nos machines.

Puis arrive en seconde ligne une série d'objections d'un autre ordre, variant suivant les localités ; mais dont nous ne parlons pas, soit à cause de leur peu d'importance, soit parce qu'il existe divers systèmes de machines pouvant se prêter à toutes les exigences.

Reprenons une à une les premières objections qui sont capitales et laisseraient, entre les mains des adversaires des machines, un argument formidable, s'il n'était on ne peut plus facile de le détruire. Pour cela nous puiserons notre réponse dans la pratique. Que les hommes réellement désireux de s'éclairer nous suivent jusqu'au bout, et ils verront s'évanouir dans leur esprit bien des préventions.

Pour faire l'essai comparatif d'une batteuse et du rouleau, une récolte se composant de 3,145 gerbes, partie de bladette et partie de blé de Roussillon, fut, dans le cours de l'été de 1857, partagée en deux parties : 1,645 gerbes furent battues au rouleau, suivi d'une lisse, et 1,500 gerbes furent égrénées avec une petite batteuse de la force de deux chevaux, munie de son manège portatif comme elle.

Les 1,645 gerbes, toutes de bladette, ont été soumises au rouleau dans les derniers jours du mois d'août 1857, leur égrénage a exigé environ sept jours, deux chevaux pour traîner le rouleau et six personnes dont trois femmes.

L'aire à battre consistait en une surface circulaire de 28 mètres de diamètre extérieur. Un espace également circulaire de 14 mètres de diamètre, concentrique à la première, restait libre, ce qui réservait pour la partie couverte par la gerbe une zône circulaire de 7 mètres de largeur, ayant par conséquent pour mesure de surface deux cercles, dont l'un intérieur de 14 mètres et l'autre extérieur de 28 mètres de diamètre produisant ainsi une superficie utile de 461 mètres carrés.

Le poids de la gerbe était en moyenne de 14 kil. 500; son diamètre, à la ceinture, de 0^m 50; la surface de sa section transversale à ce point, de 20 décimètres carrés. On étendait sur la surface disponible de l'aire 250 de ces gerbes, provenant du sciage à la faucille et ayant une longueur de paille, non compris l'épi, de 0^m 80. Le volume produit par ce nombre de gerbes représentait donc un cube de 40 mètres, lequel réparti sur les 461 mètres carrés de surface de l'aire, produisait une couche uniforme compacte de 9 centimètres environ d'épaisseur.

Cette disposition était, on le voit, assez satisfaisante.

Au centre de l'aire, on avait placé un piquet arrondi de 6 à 7 centimètres de diamètre, sur lequel s'enroulait ou se déroulait une corde attachée au mors des chevaux attelés au rouleau au moyen de traits. De cette manière ces derniers se rapprochaient ou s'éloignaient du centre de l'aire, décrivant ainsi une suite de circonférences spiroïdales, égales au nombre de circonvolutions de la corde autour du piquet central ; ces circonférences décroissant quand la corde s'enroule, et s'agrandissant quand le contraire a lieu.

Le rouleau en pierre unie de Sept-Fonds, de 1 mètre de largeur et de 0^{m} 80 de diamètre moyen (il est légèrement tronc-conique) cube 0^{m} 50. En admettant pour la pesanteur spécifique du mètre cube de cette pierre le nombre 2,400, on trouve que le poids de ce rouleau est de 1,200 kil., correspondant à une pression de 15 kil. par zone de 1 centimètre.

Le parcours entier du rouleau sur la surface couverte de gerbes avait lieu en trente tours des chevaux, qui s'écartaient chaque fois du centre, ou s'en rapprochaient de 0^{m} 24. On conçoit, d'après ce système, que si l'on n'a pas le soin de mettre de part ou d'autre le rouleau complétement en dehors de la limite de la couche de gerbes moins 24 centimètres, il est des zones intermédiaires qui reçoivent en un tour quatre fois la pression du rouleau, tandis que celles extrêmes ne la subissent qu'une seule fois ; c'est ce dont nous avons été témoin souvent.

La circonférence moyenne de la zone parcourue par les chevaux étant de 66 mètres, il s'ensuit que ces derniers parcourent à chaque déroulement complet de la corde, un chemin égal à 1,980 mètres ou 11 kilomètres 880 mètres pour les six passes qui ont lieu d'habitude.

Au reste, le nombre des passes et des manipulations, qui ont pour but le renversement de la paille, est subordonné au temps qui règne ; il est moindre quand il fait très chaud, il est au coutraire porté parfois jusqu'à huit et plus, quand un vent du sud, l'absence de soleil ou l'humidité de l'atmosphère, font une nécessité de prolonger le plus possible cette opération. Dans le cas dont s'agit on a oublié de tenir compte du nombre des passes et des manipulations intercalaires qu'a subies la paille.

La lisse dont nous avons déjà donné la description suivait le rouleau. Cet engin paraît accélérer un peu l'opération et ajouter, quoique faiblement, à l'efficacité de ce dernier. Mais n'oublions pas de mentionner l'intervention dans cette expérience d'un second rouleau, lourde masse de plus de 2,000 kilogrammes traînée par des bœufs, et qui, après que le premier a eu épuisé son action, est venu achever le laminage des 1,645 gerbes.

Certes, on le voit, notre batteuse avait affaire à des adversaires redoutables et armés de pied en cap ; nous croyons être dans le vrai en affirmant que l'on n'opère pas ainsi d'habitude.

Quoi qu'il en soit, à cet égard, quand les deux rouleaux et la lisse, aidés du piétinement des chevaux, ont fait tout ce qu'ils peuvent faire, que la paille a été tournée et retournée plusieurs fois, ou que l'heure avancée oblige à mettre fin à cette partie de l'opération, on procède à un autre ordre de manipulations.

La première est le secouement de la paille, laquelle passe de fourche en fourche, de l'aire à la meule, laissant sur son passage une longue traînée de blé, attestation évidente de ce qu'elle retient encore.

Il faut que les quarante quintaux de paille provenant de nos 250 gerbes, cheminent ainsi vers leur destination, plus ou moins bien secoués, suivant le degré de pression qu'a subie la couche de gerbes; pression qui loge d'autant plus étroitement les grains de blé entre les brins de paille, et feutre en quelque sorte d'autant plus cette dernière qu'elle a été plus énergique. Il faut, d'ailleurs, de l'adresse, de l'activité et surtout de la bonne volonté pour débrouiller ce tissu, et nul ne peut dire que, même avec tous ses soins, l'ouvrier puisse, comme cela devrait être pour assurer la chute complète du grain, diviser assez les strates de paille dues à une puissante pression.

Et puis, le pourrait-on? le temps manque, ainsi qu'on va le voir.

Après avoir tant bien que mal enlevé les pailles longues, on procède, à l'aide de râteaux à dents plus ou moins écartées, à l'élimination des pailles courtes, de celles broyées que la fourche n'a pu saisir, et qui vont avec les épis cassés non égrénés former un tas séparé que l'on dépiquera plus tard.

Enfin, le tour du blé, des vannes et des épis cassés menus, est arrivé. Un ratissage général de l'aire commence. A l'aide de râcloirs en bois en équerre, on ramène de la circonférence au centre tout ce qu'ils peuvent saisir par leur bord inférieur aminci; plus tard, le balai termine le nettoyage de l'aire en roulant pêle-mêle le grain et la poussière, jusqu'au tas commun si l'on n'a pas d'abri, ou jusqu'au garde-pile dans le cas contraire.

On a, de la sorte, si nous ne nous trompons, couvert ou découvert en un jour, ratissé, balayé dix fois une surface de 461 mètres carrés; et chacune des six personnes employées a fourni son contingent de travail pour soigner une bande de sol de 1 mètre de large sur plus de 700 mètres de longueur!

A présent que l'on a suivi ces diverses manipulations, que tous les agriculteurs de nos contrées méridionales connaissent parfaitement et que nous n'avons décrites ici qu'afin de mettre en saillie cette vérité : que le dépiquage au rouleau est loin de mériter cette réputation de simplicité qu'on lui attribue, posons en fait :

Que si à un certain point de vue le rouleau est un perfectiondement du fléau et du piétinement, c'est un procédé du même ordre qui n'a fait qu'amoindrir, mais non supprimer, leurs principaux inconvénients.

Les 1,645 gerbes ainsi dépiquées en sept jours pesaient, à raison de 14 kil. 500 chacune, 23,850 kil. Elles ont produit 125 hectolitres de bladette et l'hectolitre de ce blé pesait 82 kil.

Le grain représentait donc	43 0/0	du poids de la gerbe.
et la paille, les vannes ou le déchet.	57 0/0	
	100	

Les frais du dépiquage ont été :

14 journées de cheval à 2 fr. 10. .	29 fr.	40
La journée de l'estivandier est assez difficile à établir ici, le propriétaire n'ayant pas tenu compte du temps affecté à chacune des opérations de la récolte ; nous évaluons donc cette journée à 1 fr. 75. Il y avait six personnes ayant travaillé sept jours, soit 42 journées à 1 fr. 75.	73	50
	102.	90

A reporter.

Report.	102	90

La valeur du blé que nous avons trouvé dans la paille au mois de décembre doit être ajoutée comme frais. Nous n'avons retiré que 3 pour cent, c'est vrai, mais c'est là un fait tout exceptionnel et qui tient d'une part : à ce que l'on avait soumis la gerbe à l'action de deux rouleaux ; en second lieu, à la circonstance du transport d'une distance de 12 kilomètres des 100 kil. de paille expérimentés, lesquels avaient été extraits par poignées très nombreuses des différentes parties de la meule. Or, on sait que plus on remue les pailles battues au rouleau, plus elles se dépouillent du blé qu'elles contiennent ; celles de notre expérimentation avaient donc perdu une bonne partie du grain laissé.

Nous ajouterons, aussi, que tout le personnel de la propriété était depuis longtemps instruit que le rouleau devait concourir avec une batteuse, et cette dernière circonstance n'a pas peu contribué à faire faire le travail d'épreuve en conséquence. On ne s'étonnera donc pas si, avec la certitude de rester bien au-dessous de la vérité, nous additionnons aux frais du dépiquage au rouleau la valeur des 3 pour cent de grains retirés de la paille, soit sur 125 hectolitres 3 hectolitres, 75 litres qui à 20 fr. font.

	75	» »
Total. . . .	177 fr.	90

Le prix de revient du dépiquage au rouleau est donc dans ce cas de 1 fr. 42 centimes environ par hectolitre.

V.

Nous passons à l'examen du travail de la batteuse. Cette machine, qui a fait sa première apparition dans la commune de Mervilla, canton de Castanet, le 18 septembre 1857, est entièrement nouvelle. Elle a été construite de manière à pouvoir marcher avec un fort cheval ou avec deux plus faibles, suivant les circonstances. Par un simple changement de roue, elle peut, ainsi que son manège, résister à l'effort de trois et de quatre chevaux. Transportables tous deux avec la plus grande facilité, ils présentent l'un et l'autre des dispositions qui en rendent l'emploi également commode et efficace.

L'appareil complet était encore à Toulouse le 17 septembre au soir ; il fut installé, et prêt à fonctionner, le lendemain à dix heures du matin, sur l'aire de la propriété dont nous avons parlé, et qui est située à 12 kilomètres de Toulouse. Cette batteuse ne vanne pas.

Divers incidents, auxquels nous ne nous attendions pas, contrarièrent notre début. Ainsi, l'attelage se composait d'une jument nourrice, d'une autre boiteuse. Point de relai du 18 au 23 septembre ; on a travaillé quinze heures effectives seulement pendant ces cinq jours. Les interruptions étaient fréquentes, soit parce qu'on ne trouvait pas un bout de corde neuve sur la propriété, soit parce qu'un seul cheval ayant des œillères en cuir, on avait été obligé d'attacher sur les yeux de l'autre un chiffon qui tombait à tout instant. Dans le travail au manége, à l'ardeur du soleil, les mouches jouent un grand rôle et nuisent au dernier point à sa régularité; or, nos émouchoirs, ne méritant pas ce nom, laissaient les chevaux exposés à mille coups d'aiguillons qui les préoccupaient bien plus que la résistance à vaincre. De là, un tirage saccadé, des coups de tête qui faisaient rompre fréquemment ces légères barres que l'on met d'ordinaire pour guider les chevaux dans les manéges à terre ; les nôtres, que le manque de temps ne nous avait pas permis de préparer à l'atelier, étaient en bois de saule vermoulu, cassant comme du verre ; c'est en vain que nous avons demandé du bois vert.

Enfin, plus d'une fois, il a fallu démunir les harnais du manége de pièces appartenant au harnais d'une charrette, et faire tenir les autres comme on pouvait avec des ficelles ou des chevilles de bois. Ajoutons à cela que les chevaux tournaient sur une aire à battre au rouleau inclinée pour faciliter l'écoulement des eaux pluviales, et qu'il en résultait une pente de près de 15 centimètres d'un côté à l'autre du circuit, disposition du sol très défavorable au tirage uniforme des chevaux attelés à un manége.

VI.

A part ces inconvénients qui ne tenaient, il faut le dire, qu'à un défaut de prévoyance dû à la nouveauté du système, la batteuse a, dès les premiers jours, fonctionné de manière à mériter l'admiration générale.

Point de grains cassés, point de grains dans les

épis qui, chose remarquable et très avantageuse, nous a-t-on dit, demeuraient entiers et conservaient si bien leurs vannes qu'on eût dit qu'ils étaient pleins. Malgré les entraves du début, pendant les quinze heures de travail effectif de la batteuse, il a été passé, dans les cinq jours, 605 gerbes du poids de de 14 kil. 500, soit 40 gerbes par heure environ.

Il a plu, les 24, 25, 26 et 28 septembre; la machine et son manége étant en plein air, il a fallu interrompre le battage; cette opération n'a été reprise que le 1er octobre, bien que les 29 et 30 septembre le temps eût pu permettre de continuer, mais le sol était imprégné d'eau.

Du 1er au 3 octobre, notre attelage s'est trouvé renforcé d'un relai, composé d'une jument pleine et d'une autre très forte. Avec ce secours depuis longtemps promis, mais qui n'arrivait jamais, il a été passé dans ces trois jours, pendant lesquels la durée du travail effectif n'a été que de dix-sept heures, 900 gerbes, dont 560 de bladette du poids de 14 kil. 500, et 340 de blé de Roussillon pesant chacune 11 kilog., en tout 11,860 kilog. de gerbes, soit 52 gerbes d'un poids moyen de 13 kil. 177 ou 685 kil. de gerbe par heure.

Ce résultat, quelque satisfaisant qu'il soit, eût été, ce nous semble, bien meilleur, si la gerhe eût été généralement dans de bonnes conditions. Or, il était loin d'en être ainsi : la moitié au moins des gerbes, soit en bladette, soit de Roussillon, étaient moisies. Cet état de la gerbe était dû à ce qu'une partie avait été sciée un peu vert, et que l'autre avait été liée avec la pluie. La fermentation, par suite de cette circonstance, ayant détruit les liens, il en résultait que l'arrangement des épis n'existait plus et qu'on ne savait trop comment les débrouiller pour les présenter à la machine. Aussi passait-on bien souvent des masses entières de paille dont les épis se trouvaient tournés en tous sens, ce qui, tout en démontrant de la manière la plus concluante l'efficacité du système, quant à la perfection de l'égrénage, n'en faisait pas moins perdre beaucoup de temps.

L'humidité de la paille n'était pas non plus un des moindres obstacles à l'accélération du travail, il fallait, dans ce cas, pour ne point s'exposer à laisser du grain, la retenir un peu plus longtemps avant de la livrer entièrement au cylindre batteur.

Malgré ces causes de temps perdu, bien qu'il n'y eût que rarement un homme spécialement affecté à assurer la marche régulière des chevaux, on peut voir que la quantité de travail produite a été, nous le répétons, relativement très satisfaisante.

VII.

Nous ne voudrions pas médire du personnel, mais nous ne pouvons nous empêcher de déclarer que, plus le succès allait croissant, plus on voyait se manifester, dans les esprits, une hostilité sourde. Ainsi, on avait répandu dans les environs que la batteuse n'égrénait pas plus de 300 gerbes par dix heures, ce qui empêcha quelques fermiers voisins qui veulent battre 1,000 gerbes par jour, de venir assister à l'expérience. On disait encore que cette machine laissait énormément de blé dans les épis. Quand nous fûmes instruit de ces bruits, nous passâmes nous-même la gerbe, et en deux heures 100 gerbes, à moitié pourries, étaient égrénées ; l'homme qui nous remplaça ne voulut pas se montrer moins habile, et dans le même temps il passa juste la même quantité de gerbes, malheureusement c'étaient les dernières. Notre machine donc, à ce compte, arrivait à 500 gerbes en dix heures; voilà pour le premier grief. Quant au second, nous verrons s'il était mieux fondé.

Sans doute, il est quelquefois possible de déjouer ces menées; mais aussi bien souvent ces insinuations malveillantes, glissées à l'oreille du propriétaire avec cette perfide bonhommie que l'on connaît, comment les empêcher? Comment surtout en détruire l'effet sur l'esprit de ce dernier, quand elles flattent sa propension naturelle au *statu quo?* Cela est difficile.

Et cependant tous les propriétaires ou fermiers connaissent bien le véritable motif de cette opposition, masquée du soin de leurs intérêts; ils n'ignorent pas, en effet, que l'estivandier comprend qu'une batteuse exige, la plupart du temps, le concours du personnel tout entier, à toutes les heures de la journée de battage, tandis qu'avec le rouleau une partie de ce personnel peut dormir tout à son aise, ou travailler pour lui-même pendant que les chevaux traînent l'engin, objet de leur affection. Tout cela est bien compris, et néanmoins, on se laisse aller à cette déplorable influence qui retarde plus qu'on ne saurait le croire l'avénement des moyens perfectionnés de battage dans nos contrées.

VIII.

Monsieur, nous disait sérieusement un propriétaire venu pour s'assurer par lui-même du travail de la batteuse : « Votre machine est parfaite, trop parfaite, en ce sens qu'elle nous obligera peut-être à l'adopter, et que ce sera pour nous une cause d'embarras, attendu que chaque fois que nous admettons un procédé plus expéditif et moins coûteux, nous avons à subir, de la part de nos ouvriers, de nouvelles exigences, qui viennent s'ajouter à celles déjà bien assez nombreuses qu'ils nous imposent. » Voilà certes un aveu très flatteur, mais qui n'en serait pas moins fait, si l'on s'arrêtait à ses restrictions, pour décourager l'industrie et rendre stériles ses efforts.

Nous avons entendu un autre propriétaire se préoccuper tout aussi sérieusement du sort de ses rentes en poules et en œufs, qui lui sont servies par les maîtres-valets et de son troupeau dans le cas où l'on dépouillerait complétement la paille, et nous rappeler que dans la Beauce, où le fléau laisse 15 0|0 de blé, qui est mangé par les moutons, on va être obligé, si l'on adopte les batteuses, de suppléer par un autre fourrage à la suppression de cette nourriture.

On comprend d'où partent toutes ces objections, et quels intérêts elles servent; aussi ne nous y arrêterons-nous pas davantage.

Voici sur les batteuses en général et sur la nôtre en particulier une appréciation plus consolante ; elle émane de propriétaires ou de fermiers dont l'intelligence et l'expérience sont renommées dans la contrée : cette machine, ainsi que son manége, disaient-ils, se recommandent par une extrême simplicité, simplicité qui est loin d'être exclusive de la perfection de leurs organes mécaniques et de leur combinaison.

Pouvoir démonter à volonté de toutes pièces et machine et manége comme on démonterait un lit, est un avantage qu'ils possèdent l'un et l'autre au plus haut degré.

La paille, sans être broyée, est assez assouplie pour être convenablement appétée du bétail, après être passée à cette batteuse, qui ne casse pas le grain et dépouille très bien l'épi, lequel conserve sa balle au point de le croire plein. Cette qualité doit être d'autant plus appréciée que la balle du blé représente près de 20 pour cent du poids de la paille de bladette ou de Roussillon coupée à la faucille, ainsi que chacun peut s'en convaincre.

Avec le dépiquage au rouleau, ce précieux fourrage qui *vaut pension*, suivant l'expression d'un intelligent fermier voisin, est à peu près perdu ou va aux fumiers, sans avoir été utilisé avant pour la nourriture des animaux (1).

Il y a aussi, de plus, cet avantage résultant de la conservation de la balle, c'est qu'il n'y a pas d'épis cassés ou séparés de leur tige, et que le vannage et le nettoyage sont terminés en un instant.

Enfin le blé acquiert de la main après être passé à cette batteuse ; il vaut incontestablement 1 fr. de plus par hectolitre que celui dépiqué au rouleau. Il est assaini, car les œufs ou larves d'insectes ne résistent pas au choc énergique des frappeurs animés d'une vitesse de 25 à 30 mètres par seconde ; le charbon, s'il y en a, disparaît broyé.

Dans l'opinion des agriculteurs dont nous rap-

(1) Chez M. Pluchet, à Trappes, nous avons vu les balles du blé soigneusement recueillies, être mangées avidement par les moutons, mêlée à de la pulpe de betteraves.

portons le jugement, à tous ces avantages, il faut ajouter celui-ci qui est commun à beaucoup de batteuses à manége ou à vapeur : c'est que l'on peut battre à couvert, avec le beau temps comme avec la pluie, commencer ou cesser quand on veut, et qu'à la fin de la journée, les pailles qui ne laissent après elles, cette fois, aucune traînée de grain, sont depuis longtemps transportées à la meule et le blé enfermé. C'est là, disent-ils, une de ces simplifications du travail agricole, qui devrait être bien comprise et par le chef d'exploitation et par les colons, parce qu'elle permet de défier l'orage ou la pluie, dont l'arrivée subite cause de grands embarras, et fait perdre souvent beaucoup de blé.

Il serait heureux que cette opinion, exprimée par des hommes pratiques et consciencieux, fût généralement partagée : nous ne verrions pas tous les ans, entre un dixième ou un vingtième, des quinze cent cinquante mille hectolitres de céréales que récolte notre département, être perdu pour l'alimentation.

IX.

Nous avons dit que la batteuse dont s'agit avait égréné en 32 heures de travail effectif :

1° 1,160 gerbes de bladette du poids de 14 kil. 500, soit,	16,820 kil.
2° 340 gerbes de blé de Roussillon de 11 kil.,	3,740
Total, 1,500 gerbes pesant,	20,560 kil.
Soit par heure, en moyenne, 46 gerbes pesant,	642 kil.

Les 16,820 kilog. de gerbes de bladette, ont rendu de ce poids

En grain ,	42	pour cent.
En paille , balles, etc.,	58	
	100	

Si la gerbe égrénée à la batteuse avait été en moyenne égale en qualité à celle dépiquée au rouleau, nous aurions dû trouver ici une proportion de grains plus forte de 1 à 2 pour cent du poids total de la gerbe, eu égard au 3 0/0 de grains retrouvés dans la paille, qui avait subi l'action du rouleau. Maïs nous avons dit que cette gerbe était très mal conditionnée, et valait moins en somme que celle soumise au rouleau. Cette différence a, au reste, très peu d'importance, et si l'on eût voulu s'en rendre absolument compte, il eût fallu, chaque fois que l'on prenait 250 gerbes pour les passer au rouleau, en mettre de côté un pareil nombre pour la batteuse. Peut-être encore aurait-on trouvé une différence, attendu que rien n'est moins régulier que la proportion de grains contenue dans les différentes gerbes d'un même champ. Ce qui est plus certain, c'est la quantité de blé retrouvée dans les pailles provenant de l'un ou de l'autre mode de battage.

Les 3740 kil. de gerbes de blé dit de Roussillon ont rendu de ce poids :

En grain ,	40 , 64	pour cent.
En paille, balle, etc.	59 , 36.	
	100.	

Les 1,160 gerbes de bladette ont donc rendu 7 hectolitres 41 litres pour 100 gerbes de 14 kil. 500.

Les 340 gerbes de blé de Roussillon ont produit 5 hectolitres 50 litres pour 100 gerbes de 11 kil., proportion qui, relativement au poids de la gerbe, serait exactement la même entre les deux espèces de blé, si l'hectolitre pesait le même poids; mais comme la bladette pèse 82 kil. et le Roussillon 80 seulement, on a, en égalisant les poids, 5 hectolitres 45 litres pour 100 gerbes de blé de Roussillon.

Cette différence est insignifiante, et l'on eût dû la trouver bien plus importante, attendu que cette espèce de blé avait été versé, brouillardé, charbonné même sur pied. La paille était d'ailleurs d'une humidité telle, que tous les liens des gerbes étaient pourris. Ces conditions, qui nécessairement devaient influencer le rendement, n'ont fait ressortir que d'une manière plus complète l'efficacité de la batteuse, opérant le 3 octobre après huit jours de pluie, et dépouillant malgré cela les gerbes qu'on ramassait sur un sol tellement humide, qu'on avait été obligé de couvrir de toiles la place réservée à cette opération. Qu'eût fait le rouleau dépiquant dans de semblables conditions, empirées encore par la rosée ou le brouillard, persistant jusqu'à dix heures du matin, avec un soleil sans force et la brièveté des jours à cette époque de l'année ? Nous laissons à répondre à ceux qui, dans le même moment, n'avaient pas terminé les opérations du dépiquage sur l'aire.

X.

Voyons, dans ces conditions, ce que nous avons laissé de blé dans la paille.

100 kilogrammes de paille de bladette provenant de notre batteuse, et prise à diverses époques de l'opération, soigneusement égrénée à la main, conte-

naient encore 372 grammes de blé. Or, dans le cas de nos 1,160 gerbes ayant produit 86 hectolitres ou 7,052 kilog. de blé, il fallait 1,450 gerbes de 14 kil. 500 pour faire 100 hectolitres pesant 8,200 kilog. La paille nette pesait par conséquent le poids de la gerbe moins le poids du blé, soit 21,025 kilog. moins 8,200 kilog., ou 12,825 kilog. en ne supposant pour plus de clarté aucun déchet de poussière ou débris.

Chaque 100 kilog. de paille nette correspond donc ici à 64 kilog. de blé, et comme nous avons trouvé 372 grammes de grains dans 100 kilog. de cette paille, ces 372 grammes sont à 64 kilog. comme 0,55 est à 100, c'est-à-dire qu'il restait dans notre paille 0,55 pour cent des 86 hectolitres égrénés par la batteuse, soit 47 litres environ.

100 kilog. de paille de blé de Roussillon provenant aussi de la batteuse et soumis avec le même soin à l'égrénage complet, contenaient encore 495 grammes.

Nous avons dit que nos 340 gerbes de ce blé avaient produit 19 hectolitres de 80 kil. ou 1,520 kilog. Il fallait donc 1,790 gerbes de 11 kilog. pour faire 100 hectolitres du dit blé. La paille nette pesait, par conséquent, le poids de la gerbe, moins le poids du blé ou 19,690 kil., moins 8,000 kil., soit 11,690. Chaque 100 kilog. de paille nette correspond par suite à 68 kilog. 451 grammes de blé ; et comme nous avons trouvé 495 grammes de grain dans 100 kilog. de cette paille, ces 495 grammes sont à 68 kil. 451 comme 0,723 est à 100, c'est-à-dire qu'il restait dans la paille de blé de Roussillon 0,72 pour 100 des 19 hectolitres récoltés et égrénés par la batteuse, soit 13 litres 3/4 environ.

Nous avons donc :

Blé laissé sur 86 hectolitres de bladette, 0,55 0/0,	47	litres 30
Blé laissé sur 19 id. de Roussillon, 0,72 0/0,	13	75
Total,	61	litres 05

Soit une perte moyenne de 0,58 pour cent du blé récolté, ou 58 litres par 100 hectolitres.

Notre batteuse a laissé du blé dans la paille, voilà un fait; et ce qu'elle a laissé représente 11 centimes 1/2 environ par hectolitre, de la portion de récolte qu'elle a égrénée.

XI.

Nos deux gros rouleaux ont laissé dans leur paille une valeur de 60 centimes par hectolitre, voilà un autre fait. Nous les livrons tous deux à l'appréciation des agriculteurs, en les priant de se rappeler dans quelles conditions différentes le rouleau et la batteuse ont opéré.

Au reste, il ne faut pas se le dissimuler, quoi qu'on fasse on n'extraira jamais jusqu'au dernier grain, à moins de pulvériser la paille; mais alors on pulvériserait beaucoup de grains et le résultat serait pire. Le blé laissé d'ailleurs par une bonne batteuse est bien loin d'avoir la même valeur que celui qui tombe facilement ; il se compose, en majeure partie, de grains ridés, serrés ou avortés.

Le point essentiel est d'en laisser le moins possible, et nous ne pensons pas, qu'à moins de broyer la paille et de casser beaucoup de grains, aucune batteuse connue fasse mieux que n'a fait la nôtre. Cela dit, passons au prix de revient.

XII.

La note exactement tenue du travail effectué avec quatre chevaux, deux à l'écurie et deux au manége, a donné, pour la durée de ce travail, trente-deux heures. Nous arrondissons les chiffres pour n'être pas soupçonné d'exagération, et nous la portons à quarante heures, soit quatre journées pleines de dix heures pour battre 1,500 gerbes ou 375 gerbes par jour. On peut se fier à ces chiffres qui sont au-dessous de la vérité, puisque le dernier jour, en quatre heures, on avait passé les 200 dernières gerbes exactement comptées.

Ainsi donc nous mettons :

16 journées de cheval à 2 fr. 10,	33 fr. 60
24 journées d'hommes ou de femmes à 1 fr. 75,	42 fr.
Perte en blé 0,55 0/0 sur 86 hectolitres de bladette ou 47 litres à 20 fr.,	9 fr. 40
Perte en blé 0,72 0/0 sur 19 hectolitres de Roussillon ou 13, 75 litres à 20 fr.,	2 fr. 75
Total,	87 fr. 75

Ces 87 fr. 75, divisés par les 105 hectolitres de blé rendu, donnent pour le prix de revient des frais de ce battage, 0 fr. 84 c. environ par hectolitre. L'intérêt et l'amortissement du prix d'acquisition de la machine devant évidemment grever le prix de revient du battage, suivant le plus ou le moins d'importance de la récolte, doit être compté ; mais nous le laissons de côté cette fois, nous y reviendrons plus tard.

Le dépiquage au rouleau a coûté	1 fr. 42
Le battage à la machine	84
Différence en faveur de ce dernier par hectolitre.	58

XIII.

Nous devrions tenir compte ici à la charge du dépiquage, de ce qu'il en a coûté toutes les fois qu'on a fait agir le rouleau supplémentaire, afin de réduire le plus possible la perte résultant de l'emploi d'un seul rouleau et de la lisse. Nous devrions également décharger notre batteuse des frais de repassage d'une masse d'épis et d'ottons (grains vêtus) produits par le dépiquage au rouleau. Ces résidus encombraient le garde-pile, on les versait dans la machine avec une *comporte*, et le batteur les dépouillait avec la dernière perfection.

La plus value du grain qu'un fermier des plus intelligents nous affirmait ne pas être au-dessous de 1 fr. par hectolitre, faut-il aussi généreusement l'abandonner ?

La valeur de la paille, conservée pour l'alimentation du bétail, laquelle peut s'élever à 20 pour cent, mais n'est pas moindre de 10 pour cent, devrait également figurer sur notre compte, savoir :

Relativement aux 9,768 kil. de paille de bladette pour 976 kil. qui à 2 fr. font,	19 fr. 52
Relativement aux 2,220 kil. de paille de Roussillon pour 220 kil. qui à 2 fr. font,	4 fr. 44
Total.	23 fr. 96

Devions-nous omettre de signaler ces avantages qui ne sauraient être contestés? Non, car ils complètent notre réponse à la première objection, que ces longs, mais nécessaires détails avaient pour but de détruire, à savoir : que le battage mécanique était plus cher que le dépiquage au rouleau, ou autres modes plus ou moins imparfaits.

XIV.

Restent les frais d'acquisition de la machine et du manége, dont vous ne parlez pas, nous dira-t-on? Nous allons répondre, car on a pu s'en convaincre déjà, notre intention est de ne rien laisser dans l'obscurité.

Pour les exploitations produisant depuis 200 jusqu'à 2,000 hectolitres et plus, les appareils complets de battage peuvent, suivant qu'ils sont à deux, trois ou quatre chevaux, coûter de 1,000 à 1,500 fr. et un prix moindre nécessairement pour les systèmes à un seul cheval. Nous ne parlons ici que pour mémoire de ce dernier modèle, qui ne peut convenir que dans quelques cas spéciaux.

Il est évident que tout propriétaire ou fermier qui ne peut dépenser l'une ou l'autre de ces sommes, doit s'interdire de profiter des avantages qu'il retirerait de cette avance d'une partie de son capital, avance dont il serait bien vite remboursé. Ce sera là, nous l'espérons, la conviction de tous ceux qui, de bonne foi, sans préventions ni préjugé, auront bien voulu suivre avec nous les détails de nos deux expériences comparatives. Si nous ne nous abusons pas, en effet, nous croyons avoir fourni des éléments d'appréciation tels, qu'il ne nous paraît pas possible qu'ils ne frappent pas les agriculteurs éclairés.

La plus value du blé, l'économie de la paille, des frais, du temps, l'augmentation du rendement, ne sauraient être considérés comme des avantages chimériques ou des moyens de réclame.

Quoique bien souvent, à tort ou à raison, on ait mis sur le compte de l'illusion ou de l'intérêt des constructeurs de machines, une partie des déceptions qui pouvaient avoir été éprouvées, et qui ne tenaient le plus souvent qu'à l'inintelligence du personnel des campagnes, et à son instinctive prédilection pour tout ce qu'une vieille habitude lui a rendu facile, il n'en reste pas moins démontré, par l'expérience qui s'est faite ailleurs, que ces avantages sont réels, quand d'une part on n'exige pas, et que de l'autre on ne promet pas l'impossible.

Pour nous qui avons opéré en famille, et qui ne voudrions induire personne à erreur, nous avons la conviction que le battage mécanique avec les manéges peut réaliser un bénéfice suffisant pour défrayer en très peu de temps l'acheteur du capital consacré à l'acquisition de la machine.

Beaucoup diront peut-être en voyant nos calculs : voilà des chiffres alignés et rien de plus. Eh bien ! nous qui savons ce qu'il y a de profondément vrai dans ces chiffres, nous répondrons : il est beaucoup de propriétaires ou de fermiers qui ont plusieurs aires à battre ; que l'un d'eux, désireux de s'éclairer et d'être en même temps utile à l'agriculture, nous livre (à couvert) le travail d'une seule ou de deux aires ; que tout soit pesé, évalué, que tout le monde y mette de la bonne volonté, et nous aurons bien un autre calcul à faire. La supériorité du battage mécanique ressortira d'une manière d'autant plus éclatante de cette épreuve, que la récolte sera plus considérable.

XV.

La seconde objection, relative à la quantité de travail bien moindre, dit-on, pour les batteuses que pour le rouleau, doit tomber devant ce fait : que le battage mécanique n'étant interrompu (1) par aucune des circonstances qui entravent ou suspendent le dépiquage par les autres moyens, en un nombre de jours donnés, une batteuse est de beaucoup en avance sur ces derniers.

Il est vrai que le rouleau n'exige qu'un, deux, trois ou quatre chevaux, quand la machine en emploie deux, quatre, six ou huit ; mais qu'importe, si l'on est obligé de nourrir les premiers en pure perte jusqu'au rétablissement des conditions nécessaires à leur travail ? Ainsi, par exemple, en cette année 1857, à peine le battage était-il commencé que, vers le 5 du mois d'août, le temps change subitement, un orage survient, et, dans la nuit du 5 au 6, il tombe 70 millimètres d'eau. Le 7, temps couvert, incertain ; le 8 et le 9, temps variable ou demi-couvert ; c'est à peine si le 10, à cause de l'humidité du sol, le battage en plein air peut être repris. La pluie recommence le 14, et continue le 15 et le 16. Le 17, temps variable, point de dépiquage possible. Le 18, il pleut de nouveau, et cette dernière pluie, ainsi que les précédentes, empêchent de

(1) Bien entendu quand on est à couvert.

profiter des journées de soleil des 19, 20, 21, 22. La pluie revient le 23, elle continue le 24 ; les journées des 25 et 26 sont sans utilité, la terre étant trop abreuvée, le temps humide et incertain. Enfin, du 27 au 31, on peut battre, sauf le 30 qui est un dimanche. La pluie recommence en septembre, et jusqu'au 12, on n'a que des jours pluvieux ou variables ; à partir du 22 jusqu'au 30, il pleut cinq jours sur huit.

En octobre, c'est pire encore ; il y a douze jours de pluie, autant de jours variables ou couverts, si bien entremêlés avec les jours de beau temps, que c'est à peine si les retardataires ont pu en profiter.

Maintenant, que chacun interroge ses souvenirs, que notre tableau météorologique aidera à fixer, et dise : si les chevaux ne sont pas, pendant cette campagne de 1857, demeurés inoccupés à l'écurie plus que le double du temps nécessaire au battage de sa récolte, et s'il ne faut compter comme frais que les seuls jours où ils ont été attelés.

Dans la plupart de nos exploitations, le personnel employé à cette opération n'est pas payé, cela est vrai, pendant ces jours de chômage ; mais si quand la pluie arrive, il pouvait continuer le battage, quel temps considérable, le plus beau de la saison, serait ainsi utilisé à d'autres travaux que l'on laisse forcément en retard !

Le dépiquage au rouleau n'est donc pas plus expéditif que le battage mécanique, sous notre ciel du Sud-Ouest, qui est bien loin, depuis longtemps, de justifier son ancienne réputation de clémence. C'est ce que nous croyons avoir démontré.

La complication des machines à battre serait-elle un obstacle à leur adoption? Nous répondrons hardiment : non, quand on ne mettra pas entre les mains de nos ouvriers des champs une machine à vapeur ou une batteuse Clayton, Hornsby, etc. ; ces appareils sont en petit de véritables usines à diriger. Là, nous le concevons, il faut un homme spécial. Mais un manége et une batteuse, dont les combinaisons ont été réduites aux plus simples, ne sont pas, tant s'en faut, au-dessus de l'intelligence des gens de la campagne. Sans doute, un apprentissage est nécessaire pour régler une batteuse, tout comme pour régler une charrue ; mais une pratique de quelques jours a bientôt initié l'ouvrier agricole à la pensée du mécanicien. Le 18 septembre, le jeu de notre appareil mécanique étonna ceux qui devaient le conduire; trois jours après, ils le comprenaient parfaitement, et il nous fut possible de nous absenter sans inconvénient. Dans les fermes du Nord que nous avons visitées, il en est de même. Les batteuses sont le plus souvent confiées aux soins des intelligences les plus vulgaires, malgré que ces machines soient la plupart munies de nettoyages très compliqués. Si dans les premiers jours de l'arrivée d'une batteuse sur une exploitation, on s'impatiente et on accuse le mécanicien de ce que hommes, chevaux, machine, ne fonctionnent pas tout d'abord comme ils le feront plus tard, on a tort ; car plus tard, hommes et animaux seront habitués, on comprendra l'idée du constructeur et on sera satisfait. Avec un peu de patience et de bonne volonté au début, les combinaisons mécaniques d'une batteuse ne sauraient jamais être considérées comme une cause de rejet de ces précieux instruments.

XVI.

Nous abordons maintenant la dernière objection, qui serait d'autant plus redoutable, si elle était généralement partagée, qu'elle tend à amoindrir d'une manière fâcheuse un des principaux et des plus importants mérites des nouveaux procédés de battage; cette objection est celle qui est relative au rendement que quelques personnes très peu nombreuses à la vérité, ne croient pas être supérieur à celui du rouleau. Nous avons déjà fourni des renseignements de nature à éclairer cette question. Dans l'intérêt de la vérité, que nous croyons mieux servir les batteuses que des réticences calculées, nous allons les compléter, et dire pourquoi il peut arriver que certaines machines laissent du grain.

En principe, toute machine à battre qui laisse beaucoup de grain, nous disons plus, qui en laisse dans la paille autant que le rouleau, qu'elle soit à manége ou à vapeur, est une mauvaise machine, ou, ce qui est le cas le plus fréquent, une machine dont on veut trop forcer le produit.

Nous avons vu, en effet, il est fâcheux d'être forcé d'en convenir, des batteuses à vapeur d'un prix énorme, réputées parfaites, laisser du blé dans la paille; nous avons vu également des batteuses à manége très prônées ne pas dépouiller non plus complétement les épis, et cela, nous le disons avec certitude, parce qu'on voulait obtenir des résultats ou réaliser des promesses impossibles.

Presque toujours l'acheteur a demandé des miracles, on lui en a promis; il n'a eu, la plupart du temps, que des déceptions. Comment en serait-il autrement, quand on ne craint pas de mettre sur certains prospectus qu'on livrera des machines de la force de quatre chevaux-vapeur qui égréneront jusqu'à 300 hectolitres par journée de douze heures, alors que des machines parfaites, de même force, ne sont annoncées ailleurs que pour un résultat de 80 hectolitres au plus? Que signifie d'ailleurs, dans l'un et l'autre cas, cette manière de calculer le produit en hectolitres? Rien, sinon l'arrière-pensée de laisser dans l'obscurité ce que plus tard on expliquera à son profit.

Ce n'est pas seulement, on le conçoit, le passage de l'épi dans une machine à battre qui constitue la somme des résistances qu'en dehors du jeu de ses organes elle oppose à l'action du moteur quel qu'il soit, mais bien celui de la paille, laquelle est plus ou moins longue, suivant qu'elle a été fauchée ou sciée, et partant exige plus ou moins de force, la quantité de blé rendu restant la même.

On sait très bien que si l'on n'avait à soumettre au cylindre batteur que des épis ou des pailles très courtes, on irait vite en besogne. Mais, quelques nombreuses qu'aient été les tentatives faites pour isoler l'épi de la paille, elles sont demeurées infructueuses, et il a fallu forcément se résigner à passer depuis quarante jusqu'à quatre-vingt de paille pour cent en poids de la gerbe.

Dans le cas de notre expérience avec de la gerbe de bladette sciée, on a vu que 1,645 gerbes du poids de 14 kil. 500, pesant en totalité 23,852 kil., ont rendu en blé 125 hectolitres qui, à 82 kil. l'hectolitre, font 10,250 kil. Le poids de la paille était donc au poids de la gerbe comme 57 est à 100, c'est-à-dire que chaque fois qu'on passait à la machine 100 kil. de gerbes, il fallait passer en pure perte 57 kil. de paille ; et comme le batteur frappe indistinctement, avec sa même énergie, sur les épis et sur la paille, il s'ensuit que plus il y a de paille, relativement à une quantité donnée de blé, moins il y a de blé égréné pour la même force consommée. Or, dans les mauvaises années la proportion de paille peut s'élever jusqu'à 70 pour cent pour les blés sciés; jusqu'à 80 et même 90 pour les blés fauchés, les chiffres variant d'ailleurs suivant les espèces de blés et les diverses natures de sol.

XVII.

Il est donc très essentiel, on le voit, d'expliquer quelle est, dans un temps donné, non plus la quantité d'hectolitres, mais le poids de gerbe que peut égréner une machine avec toute la perfection nécessaire. Hors de là, il n'y a qu'incertitudes, difficultés, toutes choses nuisant plus qu'on ne saurait le croire à la généralisation de l'emploi de ces nouveaux instruments.

Annoncer sans explication qu'une batteuse mue par une locomotive à vapeur de la force de quatre chevaux égrène 300 hectolitres en douze heures, c'est promettre de battre aussi-bien 56,000 kilog. de gerbe sciée donnant 43 pour cent de grain, que 68,600 de gerbe fauchée ne rendant que 35 pour cent, 300 hectolitres de blé correspondant, dans les deux cas, à ces deux poids de gerbes.

Ces résultats, disons-le franchement, sont aussi impossibles l'un que l'autre. Prenons, si l'on veut, le plus bas chiffre, 56,000 kil. et faisons-en des gerbes de 10 kilog., nous trouvons 5,600 gerbes à passer par journée de douze heures, 466 gerbes par heure, soit 7 gerbes 3/4 en blé scié et 9 gerbes 1/2 en blé fauché ; il faudrait en un mot prendre et développer près d'un kilomètre de longueur de gerbes par minute.

On se demande, en supposant qu'un phénomène de vigueur, d'agilité, de bonne volonté, fût capable d'un tel tour de force pendant quelques heures, ce que serait le produit d'un semblable travail.

Ces exagérations ne servent, nous le répétons, qu'à fausser l'opinion et à rendre plus difficile la tâche des constructeurs consciencieux.

En industrie manufacturière ou agricole, comme en tout, vouloir aller trop vite, c'est se préparer de mauvais résultats. Il faut le temps à toutes choses : qu'on carde du coton, de la laine ; qu'on forge ou qu'on cémente le fer ; qu'on laboure le sol ou qu'on batte du grain, l'on doit patiemment subir les exigences des diverses matières qu'on doit transformer ou modifier, à l'aide et dans la mesure des forces, des moyens, ou des instruments dont on peut disposer. L'oubli de cette loi fondamentale qui régit tout travail, fait mécaniquement ou non, mais pour lequel l'homme est obligé de s'aider de moteurs ou d'agents d'une puissance supérieure à la sienne, a conduit une foule de personnes à la recherche ou à l'expectative de l'impossible. Il est vrai qu'en cherchant l'impossible on a trouvé le possible. C'est l'histoire de la pierre philosophale à la recherche de laquelle la chimie a dû, en partie, ses progrès.

Mais, qu'on ne l'oublie pas, depuis notre humble batteuse jusqu'à ces lourdes machines ambulantes, mues par la vapeur, si coûteuses, si compliquées et si parfaites aussi, qu'une intention très louable sans doute a transplantée du sol britannique ou américain jusque dans notre Midi, il n'en est pas une seule qui ne donne pour résultat du grain laissé dans la paille en quantité variable, suivant les cas, mais qui peut s'élever assez haut, si on lui fait dépasser la limite de ce qu'elle peut faire relativement à sa constitution mécanique ou à la force appliquée.

La théorie, il est vrai, assigne des résultats très élevés à une machine dont l'organe batteur tourne à une vitesse de 25 à 30 mètres par seconde ; mais en pratique ces résultats sont bien inférieurs. Quelles que soient, en effet, l'agilité et la force d'un homme, il ne peut convenablement fournir à la machine ce qu'elle pourrait entraîner avec une force soutenue, c'est-à-dire un kilomètre et demi de longueur de gerbe par minute, en supposant une vitesse du batteur de 25 mètres seulement à la seconde.

XVIII.

Une longue expérience des machines en général et l'observation la plus attentive d'un très grand nombre de batteuses, nous ont démontré qu'avec un manége et deux chevaux qu'on ne veut pas harasser, en employant une machine battant en *long*, c'est-à-dire celle où l'on présente la gerbe, l'épi en avant et perpendiculairement à l'axe du batteur, un homme, en supposant d'ailleurs les meilleures conditions, ne peut introduire moyennement plus de 50 à 60 gerbes sciées de 14 kil. environ par heure, ou de 5 à 600 gerbes par journée de dix heures, en observant que ces chiffres ne doivent pas toujours être atteints dans l'intérêt d'un bon battage. Le plus souvent même on ne peut se promettre un égrénage complet qu'à la condition de ne pas passer plus de 3 à 400 gerbes de ce poids. Tels sont les cas où la gerbe est humide, chargée de plantes adventices, ou quand la gerbe est mal conditionnée, que la paille est embrouillée, les épis tournés ou placés en tous sens; dans le cas enfin où cette paille fauchée a une très grande longueur, que son diamètre est plus gros, sa rigidité plus grande.

Nous avons constaté également que le personnel nécessaire pour servir une machine de ce genre, mue par deux chevaux, relayés de trois heures en trois heures, est suffisante quand il se compose d'un homme pour prendre et délier la gerbe, un autre pour la présenter à la machine; trois autres personnes, hommes ou femmes, peuvent parfaitement suffire aussi pour apporter la gerbe, retirer et charrier la paille. On augmentera toujours le produit quand un homme sera spécialement chargé de régler la marche des chevaux et de les surveiller.

Voilà la vérité sur les batteuses à manége de la force de deux chevaux; ceux qui promettent davantage s'abusent ou trompent, laissent du grain, et font ainsi à ces machines un tort considérable. Nous parlerons plus tard de celles de trois et quatre chevaux.

XIX.

Quand on fait intervenir la vapeur comme force motrice, cette dernière, plus soutenue, plus régulière, si elle est suffisante, permet d'espérer un produit plus grand ; mais comme on ne peut pas, sans casser du grain, pousser l'organe batteur à plus de 25 à 30 mètres par seconde et plutôt 25 que 30, il en résulte que le surplus de force dont on peut disposer, ne pouvant être appliqué utilement qu'en augmentant la largeur de la machine, largeur qui elle-même a ses limites par plusieurs raisons, la difficulté d'alimentation s'en accroît en proportion, et que, tout compte fait, le produit, soit en quantité, soit en perfection, n'est pas absolument en raison de l'accroissement de la force, mais plutôt proportionnel à la largeur, au nombre des ouvriers chargés d'alimenter la machine ; enfin à leur degré de force, de vivacité, et surtout d'adresse et d'intelligence.

C'est pour cela que l'on a vu les machines réputées les plus parfaites, mises en mouvement par six chevaux-vapeurs et annoncées égréner, vanner, cribler 100 hectolitres, ne pouvoir dépasser 60 hectolitres par journée de dix heures, sans tomber dans l'inconvénient de laisser ou de casser du grain, soit en voulant alimenter plus dru, soit en forçant l'énergie du choc.

Le battage mécanique a des avantages assez grands, pour qu'on ne lui demande pas, ou qu'on ne promette pas plus qu'il ne peut donner. Il suffit, pour que les intérêts agricoles trouvent largement leur compte, que chacun choisisse une bonne machine, d'une puissance proportionnée à l'importance de son exploitation, et qu'il ne la force pas, pour vouloir aller trop vite ; qu'il dispose un local couvert pour pouvoir battre en tout temps, et nous affirmons, avec offre de preuve, qu'en vérifiant scrupuleusement les pailles, on ne trouvera pas de grain laissé.

Pouvoir battre en tout temps, pouvoir transporter

d'une ferme à l'autre l'appareil tout entier, voilà ce que doit et peut raisonnablement exiger un agriculteur d'une batteuse. Aller vite est une question tout à fait secondaire, on ne saurait trop assez le répéter, et qui ne doit nullement préoccuper, par la raison qu'avec une machine et un manége travaillant à couvert, on battra dans un temps donné plus de gerbes qu'avec le rouleau, et autant qu'une batteuse à vapeur travaillant en plein air.

XX.

Pour démontrer la vérité de cette assertion, nous allons un instant comparer les deux systèmes, en prévenant que nous examinerons plus tard, d'une manière toute particulière, le mérite relatif des batteuses à vapeur et de celles à manége.

Nous prenons pour exemple les mois d'août et de septembre 1857. Il y a eu dans ces deux mois cinquante-un jours pour le battage à couvert, déduction faite des dimanches et d'un jour de fête, et vingt-quatre jours pour le battage en plein air. Nous réduisons au minimum le travail de la batteuse qui a servi à nos expériences, et nous l'établissons à 400 gerbes de 14 kil 500 en douze heures (1) produisant 30 hectolitres 1/2 environ de blé, ce qui fait pour les cinquante-un jours, en nombres ronds, 1,600 hectolitres. Il aurait fallu pour dépiquer au rouleau cette même quantité de blé en vingt-quatre

(1) Elle en a passé 400 en 10 heures, soit en 12 heures 480 gerbes dont la moitié était moisie, déliée, brouillée, et cela avec deux juments dont l'une pleine, l'autre nourrice, au premier relai; une boiteuse au deuxième relai, et de plus les inconvénients que nous avons énumérés.

jours de beau temps, opérer chaque jour sur 850 gerbes produisant 67 hectolitres, c'est-à-dire avoir deux aires recevant chacune 425 gerbes, ou trois en recevant 283, et double ou triple personnel et attelage.

Supposons maintenant une batteuse à vapeur rendant avec la même gerbe 60 hectolitres par jour ; le nombre d'hectolitres égrénés en vingt-quatre jours sera de 1,440 seulement. Il est vrai que nous n'aurons ni vanné, ni nettoyé notre grain ; mais nous ne faisons pas cas de cette objection, parce que si nous sommes trop à l'étroit dans le garde-pile, avec notre manége, un bon tarare, un homme et un enfant de plus, nous aurons terminé les deux opérations en même temps. Nos quatre chevaux auraient donc été plus vite que la vapeur, puisque le dernier jour notre batteuse eût égréné 160 hectolitres de plus.

Avec six chevaux, dont trois au manége et trois en relai, nous aurions pu aborder des récoltes de 2,500 hectolitres, et faire avec huit chevaux plus que le double de ce que peut faire une batteuse à vapeur de la force de six chevaux, et cela parce qu'avec notre manége, pour lequel il faut un très petit espace, qui n'offre aucun danger d'incendie ou d'explosion, nous travaillons pendant que la batteuse à vapeur se repose.

Nous avons un autre avantage en opérant ainsi : c'est que nous n'avons besoin que d'une partie de notre personnel. Supposons, en effet, que sur une exploitation récoltant 21,300 gerbes rendant 1,600 hectolitres de blé, il faille trente personnes pour battre et vanner cette récolte en vingt-quatre jours; avec le rouleau ou la vapeur il faudrait le concours tout entier de ces trente personnes pour chacun des vingt-quatre jours de beau temps, tandis qu'avec notre système nous pouvons occuper à d'autres travaux vingt de ces personnes pendant vingt-quatre jours, puisque dix personnes nous suffisent.

XXI.

Si nous ajoutons que nous aurons égréné nos 1,600 hectolitres avec ce faible personnel, qui aura pu également vanner, nettoyer le blé, et faire les meules, on aura compris que nous avons battu à meilleur marché que par la vapeur.

En effet :

204 journées de cheval à 2 fr. 10 font, pour 51 jours de travail,	428 fr.
510 journées d'hommes ou de femmes à 1 fr. 75 prix moyen,	892 fr. 50
Huile à graisser,	20 fr.
Intérêt et amortissement à 10 0/0 du prix d'acquisition de la machine évaluée à 1,300 fr. (avec tarare),	130 fr.
Total,	1,470 fr. 50

Ce battage ainsi fait, nous coûte donc à très peu près 92 centimes par hectolitre.

En ce qui concerne les frais du dépiquage au rouleau, il eût fallu cent quarante-quatre journées de cheval à 2 fr. 10 (pour trois aires).	302 fr. 40
(Nous faisons grâce des journées que les chevaux ont passées à l'écurie, sans rien faire, pendant que les nôtres travaillaient).	
A reporter.	302 fr. 40

Report.	302 fr. 40
720 journées d'hommes ou de femmes à 1 fr. 75,	1,260 fr.
Nettoyage et vannage à 15 cent. par hectolitre, supposons-nous,	240 fr.
Total,	1,802 fr. 40

Soit 1 fr. 12 cent. 1/2, non compris la perte en blé *laissé*.

Le dépiquage au rouleau nous coûterait donc 20 c. de plus par hectolitre que le battage à la machine, en supposant que nous eussions des ouvriers à la journée, et nous aurions perdu, en outre, le travail de vingt de ces personnes pendant les vingt-quatre jours de beau temps.

Voyons à présent ce qu'il en coûte pour battre à la vapeur 100 hectolitres de blé :

Prix du louage de la machine 60 c. par hectolitre,	60 fr.
Charbon à 5 c. le kil.,	10 fr.
Main d'œuvre de vingt-cinq personnes hommes ou femmes à 1 fr. 75, par jour en moyenne,	43 fr. 75
Nourriture du mécanicien,	5 fr.
Vannage à 15 c. par hectolitre,	15 fr.
Total pour 100 hectolitres,	133 fr. 75

Le battage de nos 1,600 hectolitres aurait donc coûté 2,140 fr. ou 669 fr. de plus que par notre système, et 338 fr. de plus que par le rouleau.

La marge est grande, on le voit, en faveur des batteuses à manége, qui répondront toujours aux exigences d'une grande comme d'une petite exploitation, si, partant d'un faux principe, on ne leur demande pas une somme considérable de travail à bon marché, que, dans certains cas très rares chez nous, on ne pourra obtenir qu'avec la vapeur pour moteur.

C'est ce que commencent à comprendre, dans notre localité, des agronomes très instruits, des agriculteurs amis du véritable progrès, les uns en conseillant, les autres en adoptant ces utiles instruments devenus aujourd'hui indispensables.

C'est aussi ce qui a été depuis longtemps reconnu dans le nord de la France, et commence à l'être de plus en plus dans les régions agricoles le plus rapprochées des nôtres.

Pour nous qui savons ce qu'on doit aux machines, si injustement calomniées parfois, nous faisons des vœux pour que personne n'échappe à cette heureuse contagion du progrès. L'ouvrier des champs qui semble n'accepter aujourd'hui les batteuses qu'avec contrainte, parce qu'elles dérangent ses habitudes, s'y attachera quand il les connaîtra mieux et aura pu apprécier de quelles fatigues elles sont venues l'affranchir.

XXII.

Donnons une idée de l'extension qu'a prise dans le Nord le battage mécanique, et à ce sujet qu'on nous permette d'emprunter quelques chiffres aux derniers documents publiés par la Société Centrale d'Agriculture de la Seine-Inférieure, et qui sont dus à M. Fouché.

D'après ce travail de statistique on ne peut plus intéressant, le nombre des machines à manége qui battent et vannent ou battent seulement, est de, 1,489

Le nombre des chevaux employés aux manèges de, 3,403

Le nombre des gerbes battues en moyenne par heure de, 53,958

La quantité de jours employés au battage du blé de, 75,896

Enfin le prix de revient des machines est de, 1,545,290

Ces chiffres sont éloquents, et disent mieux que ne sauraient le faire de longs écrits, les progrès de l'agriculture dans la Seine-Inférieure. Ils témoignent peut-être aussi de ce fait : que l'on demande moins aux batteuses en un temps donné une somme considérable de travail, qu'un bon travail.

On y voit, en effet, qu'une batteuse coûtant en moyenne 1,040 fr., a battu avec deux chevaux 285 millièmes, pendant soixante-six jours environ, par heure, 36 gerbes 1/4 : ce qui devrait donner, pour les soixante-six jours qu'a duré le battage, une quantité de gerbe égrénée de 35,612,280 gerbes, en supposant dix heures pour la durée du travail quotidien. Mais comme la durée moyenne de ce travail n'est dans la Seine-Inférieure que de six heures, il n'y a eu, en réalité, que 14,233,536 gerbes, c'est-à-dire un peu plus du cinquième de la récolte totale du département. Cette récolte est, en effet, en 1856, d'environ 67,890,000 gerbes; c'est donc 53,656,464 gerbes qui sont encore battues au fléau ! Malgré cette circonstance, qui est certes grandement à déplorer dans l'intérêt public, il n'en est pas moins vrai, que ce travail accompli par les batteuses, bien qu'il n'embrasse pas encore toute la production du département de la Seine-Inférieure, un des plus riches, comme on sait, de l'Empire français, comprend déjà une proportion assez importante de ce travail. C'est un fait qui mérite toute notre attention, à nous qui sommes si loin d'en être arrivés là.

XXIII.

Au point de vue industriel comme au point de vue agricole, tout est donc à faire chez nous de ce côté. Oui, l'industrie et l'agriculture, ces deux branches nourricières de la fortune publique, doivent profiter toutes deux, à un égal degré, du progrès accompli dans ce sens. La première y trouvera une source nouvelle de travail; car, bien que le revenu territorial de la Haute-Garonne ne soit que de 22,448,000 francs, alors que celui de la Seine-Inférieure est de 44,523,000 fr., nos 1,560,000 hectolitres de céréales et nos 264,000 hectolitres d'avoine peuvent occuper plus de 3,000 batteuses à manége, et fournir ainsi plus que la valeur de trois millions de main-d'œuvre à nos ateliers de construction.

N'avons-nous pas tout près de nous huit à neuf départements qui produisent ensemble plus de dix millions d'hectolitres de céréales, et qui le jour où le signal d'un heureux entraînement aura été donné, nous offriront une bonne part dans les achats qu'ils pourront faire de machines à battre?

Et pourquoi n'aurions-nous pas cet espoir, lorsqu'on voit ces gigantesques et coûteuses machines anglaises ou américaines, franchir le détroit ou l'Atlantique pour venir chez nous, qui n'avons guère besoin encore de cette grosse artillerie pour battre notre blé économiquement et bien.

Est-ce à dire d'ailleurs que nous ne puissions faire comme eux ? Que les commandes arrivent à nos ateliers, et l'on verra ce que peut l'industrie toulousaine, si peu appréciée, parce qu'elle n'est pas connue. Mais aussi qu'on ne demande pas à nos batteuses plus qu'on ne demande ailleurs à ces sortes de machines. Qu'on exige un produit régulièrement soutenu pendant une longue série de jours, et non de ces produits de concours, qui n'ayant lieu que pendant un temps très limité, ne sont propres qu'à induire à erreur.

Notre petite batteuse, alimentée par le propriétaire lui-même, a pu, en ne laissant pas même 1 0/0 de grain dans la paille, passer jusqu'à 80 gerbes de 14 kil. 500 par heure. Eh bien ! malgré cela, nous nous garderions bien d'annoncer qu'en pratique un résultat semblable soit constamment possible, et puisse se concilier avec la perfection du battage, condition qui nous paraît de premier ordre pour les agriculteurs. Il y a lieu de croire, néanmoins, que l'habitude d'un travail de cette nature, surtout s'il était encouragé par une légère gratification, tournerait de toutes manières au profit de l'exploitant ; c'est ce dont il nous a été possible de nous convaincre plus d'une fois.

XXIV.

On nous pardonnera d'avoir donné à cette première partie de notre travail un aussi long développement ; mais pour nous qui avons été en même de constater ce qui est perdu de nos récoltes par l'emploi des anciens procédés de battage, nous ne saurions assez insister, ni trop multiplier les détails. Il n'est pas de question plus sérieuse, en effet, et qui mérite davantage de fixer l'attention des agriculteurs et du Gouvernement.

Des centaines de millions sont sortis de France, dans les mauvaises années, pour aller chercher à l'étranger l'équivalent du blé que nous laissions dans la paille; double perte, bien cruellement sentie dans les temps difficiles, et qui réagit plus tard d'une manière fâcheuse sur la prospérité publique.

Etre utile à notre pays, en lui signalant le mal et en lui indiquant le remède, voilà notre seul but. Si nous nous trompons, si nous nous exagérons ce mal, on peut nous combattre, nous réfuter, mais alors que ce soit, en examinant à fond les divers chargements de paille qui alimentent nos marchés ou nos magasins d'approvisionnements.

On y verra, avec la certitude de ne pas se tromper, qu'en supposant une moyenne de 5 0/0 pour le blé laissé dans la paille, chaque 100 quintaux métriques (10,000 kil.) contiennent 290 kilog. de grain; qu'en supposant encore, ce qui s'écarte très peu de la vérité, que chaque hectolitre de blé correspond à 130 kilog. de paille en moyenne, le département de la Haute-Garonne, dont la récolte moyenne est de 1,550,000 hectolitres, produirait 2 millions de quintaux métriques de ce fourrage; et que dès-lors 77,000 hectolitres de blé représentant à 20 fr. une valeur de 1,540,000 francs, seraient à peu près perdus.

La consommation de la paille dans Toulouse a été :

En 1855,	de 5,137,000	kilog.
En 1856,	de 5,547,000	
En 1857,	de 5,808,000	
Total,	16,492,000	

La moyenne par année est ainsi d'environ 53,000 quintaux métriques. Il entrerait donc dans Toulouse avec cette paille 2,123 hectolitres de blé valant à 20 fr., 42,000 fr., et près de 64,000 fr. quand le blé est à 30 fr.

Certes, il y aurait un beau bénéfice à repasser les pailles et à ne les livrer à la consommation qu'après leur avoir fait subir un battage énergique.

Nous livrons ces calculs aux agriculteurs qui doutent encore, en affirmant qu'ils sont bien au-dessous de la vérité pour la plupart d'entr'eux, ainsi que nous avons pu le constater au marché ou à leurs meules. Qu'ils veuillent bien ouvrir les yeux dans leur intérêt et dans l'intérêt public !

Deuxième partie.

DES DIVERS SYSTÈMES DE MACHINES A BATTRE.

XXV.

La riche collection de machines à battre que l'on remarquait à l'exposition de 1855, celle non moins complète de l'exposition des produits agricoles en 1856, donnent assez l'idée de l'importance qu'on attache partout à cette opération de l'agriculture, qui a pour but l'égrénage du blé, pour qu'on juge très utile de connaître les renseignements qui peuvent avoir été recueillis à leur égard.

Il n'est pas une seule exhibition des produits de l'industrie, pas un seul concours agricole ou régional qui ne présentent plusieurs modèles de ces instruments si utiles. Aussi, l'embarras n'est pas de pouvoir trouver où se pourvoir, mais de pouvoir choisir le système qui satisfait le mieux aux exigences de chaque contrée agricole.

Ainsi, tandis que dans le Nord, on demande généralement des machines qui conservent à la paille toute sa longueur et ne la maculent pas, dans le Midi, au contraire, on veut des machines qui assouplissent, brisent ou broient cette dernière.

Les constructeurs ont dû dès-lors arranger leurs combinaisons mécaniques, de manière à satisfaire à ces besoins divers ; c'est justice de dire qu'ils ont presque tous généralement réussi.

On a beaucoup écrit sur les machines à battre; les publications industrielles, les journaux d'agriculture, les rapports des commissions de concours régionaux, des jurys d'exposition ont longuement et avec de minutieux détails, signalé à l'attention des agriculteurs les avantages ou les inconvénients des machines, ou des systèmes exposés ; mais ces renseignements précieux sont épars, disséminés dans un grand nombre de publications, que ne peuvent pas toujours se procurer les intéressés. De là, bien souvent cette indécision, cet embarras de choisir, qui a pour résultat un ajournement indéfini, ou fait aller chercher au loin ce que l'on a sous la main.

Grouper les documents, concentrer l'attention sur les divers systèmes connus, éclairer ou former l'opinion, indiquer aux propriétaires ruraux et aux fermiers, de quel côté ils doivent diriger leur choix, nous a semblé une chose utile, au double point de vue de l'intérêt privé et de l'intérêt général.

XXVI.

Appelé en 1855 par M. le préfet de la Haute-Garonne à l'honneur de faire partie de la commission départementale, chargée d'étudier l'Exposition Universelle au point de vue des besoins de notre localité, nous portâmes une attention toute particulière aux machines à battre. Nous agissions ainsi dans un double but : celui de remplir avec exactitude notre mandat, et celui de satisfaire à notre vif désir ressenti depuis longtemps de compléter les observations dont ces machines avaient été l'objet de notre part.

Dans le cours des quarante-deux séances, de huit heures chacune, que nous avions passées à l'Exposition, des renseignements nombreux et des plus circonstanciés, sous le rapport de la construction, avaient été recueillis par nous ; ils avaient été consignés dans notre rapport général ; mais des raisons indépendantes de notre volonté n'ont pas permis de faire imprimer encore ce travail, afin de lui donner la publicité la plus étendue.

Monsieur le préfet de la Haute-Garonne, ayant bien voulu, sur notre demande, nous remettre notre manuscrit, qui ne contient pas moins de six cents pages, et traite les questions les plus intéressantes de notre industrie locale, nous y avons puisé tous les renseignements que nous avons cru pouvoir être utiles à l'objet qui, seul, nous occupe en ce moment.

Ayant eu à diriger, pour notre compte, pendant vingt-cinq ans, ou à construire des machines de filature, qui comprennent, comme on sait, les applications les plus variées de la mécanique, et dont certaines opérations ont plus d'un trait de ressemblance avec le travail des batteuses, notre tâche a été rendue ainsi plus facile.

Cette circonstance nous a d'ailleurs permis de constater, plus d'une fois, que l'échec subi par certaines machines, dont l'idée pouvait être bonne, n'avait d'ordinaire pour cause que l'oubli ou l'ignorance des principes les plus élémentaires de la mécanique ou de la construction, dans la combinaison des agents de transmission de la puissance à la résistance, ou des proportions relatives des divers mobiles, eu égard à l'intensité de ces deux actions.

De là : ou des machines lourdes, difficiles à mouvoir avec la seule force qui leur a été assignée, produit faible ou imparfait ; ou bien des machines péchant par l'excès contraire, et étant, par suite, sans cesse en réparation pour cause de rupture de quelque partie de leur mécanisme.

Ces inconvénients, bien moins graves lorsqu'il s'agit d'appareils fonctionnant dans un atelier industriel, au moyen d'une force hydraulique ou de la vapeur, à portée d'ateliers de construction spéciaux, ont une toute autre importance quand il s'agit de machines, opérant à la campagne, loin de ces ateliers, mues presque toujours par des bêtes de trait, dont la force utile, moyenne, doit, pour ne point s'épuiser bien vite, n'avoir jamais à vaincre qu'une résistance constante et proportionnée à cette force.

C'est sur ces points importants que nous avons fixé toute notre attention. Quelques constructeurs en font souvent bon marché, pour arriver au prix du sacrifice d'une partie de la force utile à la réalisation d'une idée peut-être séduisante par son originalité, mais pratiquement vicieuse.

Il était, au reste, facile aussi de se convaincre en examinant de près toutes ces machines, soit à l'état de repos, soit en travail, que la vogue d'un moment qui avait accueilli certaines d'entr'elles, n'avait eu bien souvent pour cause que la mise en saillie d'un avantage qui, pour être présenté sous une forme spécieuse, n'en était pas moins illusoire, ou découlait d'un principe radicalement faux.

Distinguer donc en cette matière l'erreur de la vérité, signaler les améliorations réellement importantes que nous avons pu remarquer pour les faire servir à l'instruction des constructeurs de ces machines, aussi-bien qu'aux intérêts des agriculteurs, telle avait été notre tâche à l'Exposition universelle de 1855. Mais moins heureux que nos honorables collègues de la section de chimie, d'agriculture et des beaux-arts, tous membres de l'Académie des Sciences, ou de la Société Impériale d'Agriculture, nous n'avons pu avoir l'honneur de nous faire lire, et de précieux renseignements laborieusement recueillis sont ainsi restés sans utilité.

Un de nos plus vifs regrets, à ce sujet, c'est d'avoir vu l'intéressant et beau travail de M. Noulet sur l'agriculture de nos contrées et les instruments nouveaux, manquer de son complément indispensable aux constructeurs : celui qui comprenait l'étude, sous le rapport mécanique, de ces mêmes instruments, dont notre honorable professeur d'agriculture recommande l'emploi avec une si louable insistance.

Combler cette lacune en ce qui concerne les batteuses et proposer franchement aux propriétaires ruraux et aux fermiers une machine à battre, réunissant, suivant nous, les conditions les plus importantes qu'on puisse exiger d'un appareil de ce genre, fait principalement en vue des habitudes agricoles de nos contrées, voilà notre but.

Puissions-nous, au témoignage flatteur d'approbation que, sur la proposition de M. Dupérier, le conseil-général de la Haute-Garonne nous a fait partager, en 1856, avec nos collègues de la commission départementale, ajouter les encouragements du public pour cet essai. Ses résultats seront, nous l'espérons, pour les agriculteurs, une augmentation de revenu, ainsi qu'une part faite à l'industrie de notre ville, si les premiers comprennent les avantages du battage mécanique effectué dans les conditions de nos expériences à Mervilla.

XXVII.

Toutes les batteuses connues réalisent, en général l'égrénage du blé de trois manières : au moyen du choc, du frottement, ou de ce que l'on a improprement appelé ainsi, et enfin de la combinaison de ces deux moyens.

Une seule machine, figurant à l'Exposition Universelle, faisait exception à cette règle, et avait emprunté à la pression le moyen de chasser le grain de son enveloppe.

Les machines de ces divers systèmes sont mues, les unes à bras d'hommes, les autres par des animaux, chevaux ou bœufs, ou à l'aide de la vapeur. Il est inutile d'ajouter que la force de l'eau et celle du vent peuvent parfaitement être utilisées, quand l'une est à portée d'une exploitation et quand les circonstances locales ou des conditions particulières permettent d'employer l'autre.

Certaines de ces machines sont locomobiles, c'est-à-dire transportables, d'une ferme à l'autre, soit sur une charrette ordinaire, soit au moyen d'un train spécial qui fait partie de l'appareil. D'autres machines sont fixes, et ne peuvent être déplacées. Enfin, il y a des batteuses qui égrènent non-seulement le blé, mais encore séparent le grain de la paille, le vannent, le criblent, et le rendent propre à être transporté au marché. Les autres n'effectuent que l'égrénage; la séparation de la paille et le nettoyage du grain ont lieu à bras d'homme par les moyens ordinaires, ou à l'aide d'un tarare ventilateur.

XXVIII.

Les récepteurs ou les agents de transmission de la force motrice sont pour les machines mues à bras d'hommes : une ou deux manivelles, et quelques engrenages faisant corps avec la batteuse. Pour celles mises en jeu par les animaux, on emploie une grande variété de manèges, parmi lesquels on distingue :

1° Le manège *direct*, c'est-à-dire celui qui fait partie de la machine elle-même, se transporte avec elle et transmet la force des chevaux, par l'intermédiaire d'une série d'engrenages de très-petit diamètre. Dans ce cas, les barres ou leviers d'attelage sont placés au-dessus des chevaux.

2° Le manège dit *à terre*, lequel est séparé de la batteuse et lui communique le mouvement, soit au moyen d'engrenages et d'un arbre de couche en fer, au-dessus duquel passent les chevaux, soit à l'aide de poulies et de courroies. Quelques-uns de ces manéges sont *fixes* mais la plupart sont *transportables*, soit sur un train spécial, soit avec un véhicule ordinaire.

3° Le manège *fixe*, anciennement connu, qui ne souffre pas d'être déplacé, à cause des grandes dimensions données d'ordinaire aux engrenages qui font partie de leur mécanisme et des points d'appui solides qu'ils exigent.

Enfin, lorsque c'est à la vapeur qu'on emprunte la force motrice, le récepteur est une machine portative, dite *locomobile*, composée de son foyer, de sa chaudière tubulaire, de son cylindre, de la cheminée, de ses pompes, de son manomètre, de son volant, qui fait l'office de poulie, le tout monté sur deux ou quatre roues, permettant ainsi de transporter l'appareil tout entier à l'aide de chevaux ou de bœufs.

Parmi les locomobiles, les unes sont entièrement distinctes et séparées de la batteuse, à laquelle elles communiquent le mouvement au moyen d'une courroie. Les autres sont placées sur le même *chartil* que la batteuse, et se transportent sans séparation. Dans quelques-unes, la chaudière seule se trouve placée sur un chariot, tandis que le cylindre et la batteuse se trouvent sur un autre. Dans ce cas, un tuyau de vapeur plus ou moins long transmet la force de cette dernière au cylindre, qui donne lui-même l'impulsion à la batteuse.

Quand on emploie les machines à vapeur fixes, ces dernières sont en tous points établies ainsi que cela a lieu dans les ateliers industriels. Il faut construire des fourneaux en maçonnerie pour recevoir les grilles, les générateurs, élever une cheminée en briques, toutes choses qui excluent la possibilité du déplacement.

Le plus ordinairement ces diverses machines, en tant qu'elles sont spécialement appliquées au battage des grains ou aux travaux de ferme, ont la force de 3 à 10 chevaux-vapeur.

Nous reviendrons bientôt sur ces divers récepteurs; nous ne nous occupons maintenant que des batteuses.

XXIX.

Dans la première application qui fut faite des moyens mécaniques au battage des grains, en 1786, l'écossais André Meikle mit exclusivement en usage le principe de la percussion, comme moyen d'égrénage. A cet effet, des tringles en bois, à section carrée, revêtues de lames de fer, étaient fixées à une certaine distance les unes des autres, autour de la circonférence de deux cercles en fonte, montés parallèlement l'un à l'autre sur un axe en fer. Une enveloppe courbe en bois, rayonnée dans le sens transversal, et parallèle à l'axe, entourait concentriquement le cylindre batteur, fait ainsi que nous venons de le dire, et sur une partie de sa circonférence seulement; laissant entre la première et ce dernier une distance de quelques millimètres.

Une paire de rouleaux en fonte, profondément cannelés et tournant en sens inverse l'un de l'autre, attiraient par l'épi la gerbe, que l'on étendait sur une table placée devant eux, et livraient ainsi aux tringles ou barres du cylindre batteur animé d'une très grande vitesse, l'épi et la paille. Le choc vif des batteurs contre l'épi, déterminaient la chute d'une partie du grain, et le dépouillement complet avait lieu entre le cylindre égréneur et son enveloppe concentrique appelée contre-batteur.

Cette machine, qui pouvait être mue par un manège, quoique défectueuse tout d'abord, réussit assez bien cependant pour attirer à cette époque l'attention des agriculteurs anglais. Plusieurs l'adoptèrent, et son emploi se généralisant de plus en plus en

Angleterre et en Ecosse par suite des perfectionnements qui y furent apportés, diverses contrées du nord de l'Europe ne tardèrent pas à l'introduire chez elles.

Ce fut seulement vers 1818 que ces machines dont les premiers modèles venaient de l'Angleterre et de la Suède, firent en France leur apparition.

La machine Dombasle, bien connue des agriculteurs de l'est de la France, n'était autre chose que la machine écossaise de Meikle, perfectionnée dans quelques détails. Mais le principe de la percussion, reconnu encore aujourd'hui comme le meilleur pour l'égrénage du blé, faisait aussi la base de son système.

Les changements apportés depuis cette époque par divers constructeurs à l'invention primitive, consistaient principalement : dans la suppression des cylindres alimentaires et dans la modification du contre-batteur qui, chez les uns, est plein, soit en bois, soit en fonte, avec cannelures transversales plus ou moins écartées ou profondes. Ce même contre-batteur chez les autres forme une grille concave en fil de fer reliée par des membrures transversales en fer carré, de manière à donner passage au grain dont le choc des frappeurs a déterminé la chute. Tantôt ces contre-batteurs sont mobiles, cèdent à une pression déterminée ou obéissent à un mécanisme qui éloigne ou rapproche simultanément les barres mobiles dont on les a composés ; tantôt ils sont fixes. Certains constructeurs les placent au-dessus, d'autres au-dessous de l'organe batteur. Ce dernier surtout a été l'objet de nombreuses modifications quant à son diamètre, au nombre des battes agissant sur les épis, et à sa vitesse linéaire.

Ainsi, tandis que dans la machine Winter, le tambour batteur a $0^{m}33$ de diamètre et 4 frappeurs ; 50 centimètres et 4 battes dans la machine Ransommes ; 1 mètre et 4 battes dans la machine Dombasle et Molard ; M. Cambray, de Paris, n'avait pas craint de porter ce diamètre à 2 mètres et d'y placer 40 battes.

Malgré de telles disproportions, toutes ces machines dépouillent parfaitement l'épi. C'est, qu'en effet, la perfection de l'égrénage n'est pas le résultat du plus ou du moins grand diamètre du tambour-batteur, ni jusqu'à un certain point du nombre de ses battes, mais de la vitesse de ces dernières dans l'unité de temps ; vitesse avec l'accroissement ou la diminution de laquelle augmente aussi ou s'affaiblit l'intensité de la percussion ; action qui elle-même se trouve grandement favorisée d'ailleurs par la disposition la plus rationnelle des battes, eu égard à la direction de l'épi.

En ce qui concerne cette vitesse ou le chemin parcouru par les battes dans l'unité de temps qui est ici la seconde, les constructeurs, qui ont modifié plus tard les machines de Meikle et de Dombasle, comprenant toute l'importance de l'énergie du choc pour un bon battage, ont poussé cette vitesse jusqu'à ses dernières limites ; il en est qui ont fait reposer tout le mérite de leur système sur l'exagération même de cette condition. Ainsi, tandis que Math de Dombasle obtenait un battage satisfaisant ou qu'il supposait tel en ne donnant à ses battes qu'une vitesse de 15 mètres par seconde, Ransommes en Angleterre poussait les siennes à 30 mètres dans le même temps, comme condition d'un battage parfait : vitesse énorme et qui, si la disposition des battes est mal entendue, n'a d'autre résultat que de broyer la paille, casser du grain, fatiguer les chevaux outre mesure, dans le cas où un pareil travail ne les arrête pas tout court au bout d'une demi-heure.

Un des avantages les plus importants résultant des modifications apportées aux systèmes à percussion de Meikle, Dombasle, Molard et Cambray, consiste dans la réduction considérable du diamètre du tambour batteur : ce qui a permis, par suite de la diminution de leur volume et de leur poids, de rendre ces machines facilement transportables et de faire ainsi successivement avec une seule le travail de plusieurs fermes. A ce point de vue, Ransommes, et les constructeurs tels que MM. Lotz aîné et Renaud et Lotz de Nantes qui, les premiers, ont introduit son système en France, ont rendu un très grand service à l'agriculture.

Il faut prendre garde cependant de ne pas pousser trop loin la diminution du diamètre du cylindre batteur ; il en résulterait de graves inconvénients dont le moindre ne serait pas d'être obligé d'augmenter démesurément sa vitesse de rotation, et par suite de compliquer le mécanisme de la transmission. Il en est un autre plus sérieux, à ce point de vue : c'est que, quant a des pailles humides et dont la longueur dépasse celle de la circonférence développée de l'organe batteur, il en peut résulter que ces dernières, entraînées par la rapidité de son mouvement, s'enroulent autour de lui et ne donnent lieu à des accidents de tous genres, surtout quand la commande a lieu exclusivement par des engrenages. C'est pour cela que nous trouvons vicieux les diamètres au-dessous de 50 centimètres, tels que celui de Winter de

0ᵐ 33, et qu'ils doivent être proscrits de la construction.

On sait que les meilleures batteuses établis d'après ces principes sont, dans notre pays, celles de Lotz aîné, Renaud et Lotz de Nantes; Pinet, d'Abilly (Indre-et-Loire); Damey, de Dôle (Jura); Thérole, Arthuis, Legendre de Saint-Jean-d'Angély; Bodin, directeur de la ferme-école des Trois-Croix, près Rennes; Quentin Durand de Paris, etc. Et en Angleterre : Garrett, Barrett, Exall et Andrews, Ransommes et Sims. La Suède, la Prusse ont également des batteuses de ce système.

XXX.

Le reproche que l'on a adressé à ces machines, qui effectuent le battage dit *en long*, est d'endommager toutes plus ou moins la paille. Les batteuses de Lotz aîné et Renaud et Lotz sont celles qui la brisent le plus; viennent ensuite celles de Pinet, etc.

Cet inconvénient qui, aux yeux de quelques agriculteurs, a peu d'importance ou leur paraît être un avantage, est considéré au contraire par d'autres comme un grave défaut, et ils rejettent impitoyablement toutes les machines de ce système.

Nous avons eu occasion, pendant nos visites à l'Exposition universelle en 1855, d'assister à de curieux débats sur cette question, entre des agriculteurs du Nord et d'autres des régions comprenant l'Ouest, le Centre et principalement l'Est de la France. Les premiers argumentaient contre les machines qui brisent la paille, de ce que cette dernière, pour être vendue avantageusement dans les grands centres qui l'emploient à divers usages, doit conserver toute sa longueur et sa rigidité. En effet, au point de vue de la nourriture des animaux, la paille écrasée, brisée en fragments, est privée de sa partie médullaire, ce qui la rend moins nutritive et en fait perdre en outre une portion considérable en débris. Le bottelage, enfin, en est sinon impossible, du moins très difficile et plus coûteux. S'il est démontré, ajoutaient encore les adversaires du battage *en long*, qu'il est préférable sous divers rapports de n'employer à l'alimentation des animaux que des pailles réduites en fragments, le hache-paille nous offre pour cela un moyen prompt et économique qui conserve à cette dernière toutes ses parties nutritives les plus essentielles.

Les partisans de la paille brisée, sans nier une partie de ses inconvénients, soutenaient qu'en cet état cette dernière est plus appétée du bétail que lorsqu'elle est entière ou qu'elle a été hachée ; qu'elle s'impreigne mieux des excréments liquides et fait ainsi un meilleur fumier; enfin, que le déchet éprouvé par la perte des débris n'a d'importance que là où la paille a une valeur vénale qui mérite qu'on s'y arrête quand on ne la fait pas consommer sur place ; valeur toujours déterminée par la proximité des grands centres de consommation. Les machines qui brisent la paille, disait-on, font plus de travail, coûtent aussi moins cher et sont bien plus économiques.

Il est évident que ces divergences d'opinion, nées d'habitudes ou de conditions diverses et qui non-seulement à l'Exposition, mais de tout temps, ont donné lieu à des discussions animées jusqu'à la passion, auraient eu pour résultat l'abandon du battage mécanique par beaucoup de fermiers ou propriétaires, si l'industrie toujours prête à s'ingénier au profit de sa sœur aînée l'agriculture, dont la prospérité règle la sienne, n'avait trouvé le moyen de satisfaire à toutes ses exigences.

XXXI.

Ce fut un mécanicien français nommé Papillon, qui, le premier, résolut le problème du battage mécanique du blé, en conservant à la paille toute sa longueur et toute sa rigidité. Mais pour cela il dut modifier notablement les machines à percussion et la manière dont la gerbe était soumise à l'action du cylindre batteur. Son système consistait donc à présenter cette gerbe non plus perpendiculairement, mais parallèlement à l'axe du tambour batteur, de telle sorte que le choc de ses battes n'avait plus lieu transversalement, mais dans le sens longitudinal sur les épis. Il en résultait une sorte de roulement ou froissement de ces derniers entre les batteurs et le contre-batteur. Pour que cet effet fût plus complet, Papillon multiplia le nombre des batteurs, lequel fut porté à 14 sur une circonférence de tambour correspondant à 1 diamètre de 0^m 80. Il résulta alors de ces changements que la vitesse des battes put être réduite dans une assez grande proportion.

Dans cette machine qui a été perfectionnée par MM. Loriot, de Belleville, Duvoir de Liancourt, Cumming, d'Orléans, Rouot, de Châtillon, etc., le contre-batteur, supporté par des ressorts, cède à un excès de pression, soit qu'elle provienne d'une alimentation trop nourrie, soit d'une cause accidentelle, comme le passage d'un corps volumineux entre le batteur et la partie concave cannelée qui est au-dessous.

C'est aussi dans ces machines que fut faite la première application de galets de grand diamètre pour transformer le frottement de glissement de l'axe du batteur dans ses coussinets, en frottement de roulement, afin d'économiser de la force; disposition qui, si elle n'est pas exécutée avec la dernière perfection, donne des résultats tout contraires, en outre qu'elle est toujours une complication gênante dans le mécanisme.

On comprend que l'application de ce système a dû imposer un élargissement considérable de la machine, pour permettre à la paille d'être introduite sans gêne avec toute sa longueur, longueur qui, pour certaines espèces de blés fauchés, est parfois très grande. On a pu voir à l'Exposition Universelle des batteuses de ce genre qui mesuraient plus de 1^{m} 60 de largeur utile.

Les machines de ce système, qui sont presque toutes à nettoyage, conviennent généralement dans le nord de la France, et surtout dans les environs de Paris, où la paille longue a une grande valeur. On peut leur reprocher de faire un peu moins de travail que celles à percussion.

Nous en avons observé un très grand nombre dans plusieurs fermes du Nord, et nous sommes convaincus, qu'en pratique, le produit des plus perfectionnées, mues par deux chevaux, est au-dessous du produit des machines à percussion. Nous avons vu notamment, dans la ferme de M. Pluchet, à Trappes, une de ces batteuses fixe, marchant avec trois chevaux, dont un plus petit que les deux autres, qui étaient des chevaux tout-à-fait ordinaires, il est vrai, ne rendre, en huit heures de travail, que 14 ou 15 hectolitres. Disons aussi que le blé était parfaitement nettoyé.

Ces machines sont, au surplus, peu portatives, à cause de leurs dimensions excessives ; aussi la plupart sont-elles établies à demeure dans les bâtiments d'exploitation où elles sont placées.

Est-il possible d'ailleurs de supposer que le battage soit aussi énergique, dans ces batteuses, que dans celles à percussion ? Nous ne le pensons pas.

Pour comprendre les deux systèmes et leur degré d'énergie, prenons deux machines bien connues, celle de M. Lotz aîné, de Nantes, à percussion, et celle de M. Duvoir de Liancourt, à froissement.

Le batteur de la machine à percussion de M. Lotz a 50 centimètres de diamètre ; il porte 5 battes et fait 1,148 révolutions par minute. Il en résulte que, dans une minute, 5,740 coups sont frappés sur les épis, avec une force représentée par la vitesse de 30 mètres à la seconde qui anime chacune de ces battes.

Le batteur de la machine Duvoir de Liancourt, a 68 centimètres de diamètre; il porte 16 battes de 1^m 60 de longueur. Or, le bras du manége ayant 2^m 70 de longueur seulement, les chevaux font 3 1/2 à 4 tours par minute. Les engrenages et les poulies étant combinés de manière à ce que le cylindre batteur fasse 136 tours pour un tour du manége, il en résulte que ce cylindre fait de 476 à 544 révolutions par minute, suivant que les chevaux marchent plus ou moins vite.

Ainsi le batteur frappe par minute de 7,600 à 8,700 coups sur les épis, mais avec une vitesse de chacune des battes de 17 à 19 mètres par seconde seulement.

On voit donc que, dans cette dernière batteuse, les épis reçoivent 145 coups par seconde, au lieu de 95 coups seulement que frappe, dans le même temps, le batteur de Lotz. Mais l'intensité du choc, dans les deux cas, est bien différente, puisque, dans le premier cas, ce choc a pour expression de sa force le nombre 17 à 19, tandis qu'il a le nombre 30 dans le second cas.

Le battage doit dès lors être moins parfait dans la machine Duvoir. C'est ce qu'ont démontré les expériences du Conservatoire. Dans ces expériences, en effet, la perfection du battage étant exprimée par 5, la batteuse de Lotz a obtenu 5, tandis que celle de Duvoir n'a mérité que 4. Mais aussi pour la conservation de la paille, la batteuse Duvoir a obtenu 5, tandis que celle de Lotz n'a eu que le chiffre 1. On peut donc calculer, d'après cela, ce que coûte une trop parfaite conservation de la paille. Par une exagération contraire, on a conclu de ce fait, que, pour bien égréner le blé, il fallait briser la paille en morceaux. Nous croyons que c'est encore une erreur. La perfection de l'égrénage ne tient pas, malgré ce que nous venons de dire, à l'intensité seule de la percussion, mais à d'autres circonstances au nombre desquelles on peut compter : la manière dont l'épi est présenté au batteur; le nombre et surtout la disposition des battes relativement au rayon; opérant d'ailleurs avec une égale longueur de paille et un égal bon conditionnement de la gerbe.

Une longue observation du travail des batteuses nous a démontré que l'égrénage se fait mal dans les machines où l'épi étant présenté perpendiculairement à l'axe de rotation du cylindre batteur, la vitesse des battes reste au-dessous de 25 mètres par seconde, quelles que soient du reste les dispsitions de ces dernières.

Quand la batte est droite au rayon et au plan formé par la gerbe étendue sur la table d'alimentation, une vitesse de 30 mètres par seconde est, au contraire, presque toujours trop forte, et si l'on ne modifie pas la surface agissante des battes, leur inclinaison et le mode d'introduction de la gerbe, on absorbe une force énorme, on brise la paille et on casse du grain.

C'est ce qui a sans doute donné lieu aux diverses modifications de batteurs exploitées par les Clayton, Hornsby, Garrett, Barrett, Ransommes, etc, modifications qui n'ont d'effet qu'à la condition d'employer, elles aussi, une force considérable.

Des battes à surface agissante, unie, et un contre-batteur convenablement disposé, nous ont procuré un battage parfait avec vingt-cinq mètres par seconde : choc énergique, plus que suffisant pour dépouiller l'épi, désorganiser ou frapper de mort les œufs et larves d'insectes sans briser trop la paille, ni casser du grain. Et cependant nous égrénions des gerbes dont une partie était très humide et le reste moisi, ou en très mauvais état !

Rester bien au-dessous de cette vitesse, ainsi que cela a lieu dans les machines dites *en travers*, conservant entièrement la paille, et dont la vitesse moyenne de l'organe batteur est de 18 mètres seulement par seconde à la circonférence, c'est s'exposer à laisser beaucoup de grain, surtout si l'on veut forcer le produit.

L'épi, d'ailleurs, dans ces sortes de machines, étant présenté parallèlement à l'axe, est moins frappé que roulé ou froissé contre la surface concave du contre-batteur. Or, le froissement ne peut équivaloir l'action du choc des battes, ayant lieu transversalement sur les épis à la façon de la verge du fléau, ou d'un violent coup de fouet dont l'énergie est douze à quinze fois plus grande que celle dont est capable le bras de l'homme. Les effets relativement au dépouillement doivent donc être et sont, en effet, bien différents dans les deux cas. Ils doivent l'être aussi relativement à l'assainissement du grain, circonstance qui rend indispensable l'emploi du *Tue-teignes* Doyère, si l'on veut donner au blé, égréné par froissement, une valeur égale à celle qu'il acquiert par l'emploi des batteuses à percussion.

En résumé, conserver à la paille toute sa longueur et toute sa rigidité, sera toujours synonyme de conserver aussi, comme avec les anciens procédés, les œufs et larves d'insectes qui amoindrissent la qualité et la quantité du grain, et nuisent à la salubrité. Le dépouillement complet de l'épi peut avoir lieu par ces machines aussi-bien que par toutes les autres, mais il faut infiniment plus d'attention, et se bien garder de forcer le produit dont elles sont capables. Ce dernier moyen sera toujours le plus sage, et si on ne demande pas aux machines à battre *en travers* plus que ce dont est capable ce système, les batteuses de MM. Loriot de Belleville, Duvoir de Liancourt, Cumming d'Orléans, seront toujours, pour les agriculteurs qui veulent la paille complétement conservée, d'excellents appareils de battage, surtout si, comme M. Cumming a commencé à le faire, ils sont rendus locomobiles.

XXXII.

Au reste, les inconvénients résultant du froissement, inférieur par ses effets à la percussion employée comme moyen d'égrénage, n'arrêtent pas les partisans de ce système, qui persistent, au contraire, de plus fort, dans leur préférence, ainsi que le prouve le grand nombre de machines à friction, que livrent chaque année à l'agriculture du Nord les constructeurs que nous avons nommés. Il y a mieux, c'est que l'opinion favorable à la conservation de la paille, se fortifiant chaque jour au lieu de s'amoindrir, a franchi le détroit et conduit nos voisins les Anglais à imaginer un système pouvant, jusqu'à un certain point, concilier la condition d'un battage sans altération de la paille, et celle de présenter des dimensions assez réduites pour rendre l'appareil facilement locomobile. Il a été appelé système *mixte* et a produit les belles machines de Clayton et Shuttleworth, de Hornsby et de Garrett, mues par une locomobile à vapeur, locomobiles elles-mêmes, et accomplissant, simultanément, le battage et le nettoyage du grain.

Dans ces machines, la gerbe n'est plus introduite, ni perpendiculairement, ni parallèlement, mais obliquement à l'axe. On a supprimé les cylindres alimentaires qui existent dans les batteuses françaises, ainsi que la longue table qui sert à étaler la gerbe. Un homme debout tient sous son bras une poignée de cette dernière qu'il délivre, les épis les premiers, de manière à ce que la longueur de la paille fasse avec l'axe du batteur un angle tel, que l'extrémité de la tige puisse passer sans toucher les côtés de l'ouverture d'introduction.

Cette disposition a permis, en limitant la largeur du tambour batteur à un mètre, de placer cet organe, ainsi que tout l'appareil de vannage, de nettoyage et criblage, sur le même train, qui est ici à quatre roues, dont deux plus petites font partie de l'avant-train.

Dans la machine Clayton, le tambour batteur a 0^m 50 de diamètre. Dix battes en bois, revêtues de lames de fer, portant des cannelures obliques, profondes et larges d'un centimètre, sont solidement fixées par plus de vingt circonvolutions d'un gros fil de fer aux trois cercles en fonte clavetés sur son axe. Le contre-batteur est une sorte de grille en fer et fil de fer à peu près semblable à celle des machines de Lotz. Les produits du battage tombent sur une série de châssis, indépendants les uns des autres et portant entre leurs côtés, d'arrière en avant, une suite de liteaux qui ne les font pas mal ressembler à des persiennes. Ces châssis ont à peu près 20 centimètres de largeur, la moitié en est alternativement portée en avant et s'abaisse quand l'autre moitié, portée en arrière, s'élève. Il résulte de ce double mouvement que la paille chemine et est rejetée à la partie antérieure des châssis, tandis que le blé passant par les intervalles des liteaux, tombe devant un ventilateur, sur un système de grilles animées d'un vif mouvement de va-et-vient. Ces grilles font tomber le grain au-dessous, dans une trémie, d'où il se dirige vers un des côtés de la machine, pendant que les balles sont chassées par le vent, et que les épis cassés ou les menues pailles sont rejetés par le mouvement de la grille oscillante. Le blé tombe de la trémie dans une caisse au fond de laquelle le puise une chaîne à godets, pour le verser à la partie supérieure de l'appareil, dans des cylindres inclinés faits en tôle piquée, où il achève de se cribler et de se nettoyer, après, toutefois, être passé au travers d'un cylindre, dans le centre duquel se meut une hélice dont les palettes lustrent le grain en en détachant la poussière.

Dans la machine de Hornsby, les cannelures obliques du tambour batteur de Clayton sont remplacées par des saillies en forme de clous de fauteuil. Dans celle de Garrett, une double cannelure longitudinale règne sur toute la longueur des frappeurs. Le tambour batteur de la nouvelle machine Barrett consiste en saillies en fer creux présentant une série d'échancrures obliques enlevées à l'emporte-pièce, et disposées de manière à produire l'effet des cannelures de Clayton.

Toutes ces modifications ont peu d'importance, quant à la réalisation d'un bon battage, et l'on s'étonnerait de voir des constructeurs de mérite y en attacher une si grande et s'ingénier à les varier sans cesse, si l'on ne savait le parti que chacun sait tirer chez nos voisins de ce qu'il appelle son invention, invention qu'il a toujours soin de protéger par une patente bien en règle, exploitée presque toujours avec succès.

Ce qu'il y a de certain, c'est que chacun de ces constructeurs exhibe de nombreuses récompenses, qu'il a obtenues dans les divers concours, *meetings* agricoles, ou qui lui ont été accordées par les sociétés agronomiques et d'agriculture de son pays, pour une invention, qui est toujours la préférable, suivant les localités où on l'a couronnée.

Ces cannelures obliques ou longitudinales, ces boutons, ces échancrures pratiqués aux battes des organes batteurs, s'ils n'ont pas un caractère d'utilité parfaitement démontré, ont au moins l'inconvénient de coûter fort cher et de rendre les réparations très difficiles. On comprend qu'en Angleterre, où les ateliers de construction sont répandus jusques dans les moindres localités, cet inconvénient ait peu d'importance ; mais nous, nous devons y en attacher une très grande et ne demander à ces instruments que la simplicité unie à la solidité.

Le poids, le volume et la complication du mécanisme de ces machines excluent d'ailleurs l'emploi de toute force motrice autre que celle de la vapeur ou de l'eau. Dans les expériences de 1855, en effet, la machine Clayton exigeait 11 chevaux-vapeur 1/2 pour marcher avec toute sa charge, et sur ce nombre 9 1/2 chevaux étaient employés à faire marcher, à vide, tout le mécanisme de l'appareil. Sur 10 1/2 chevaux, la batteuse Hornsby en consommait 6 1/2 pour marcher à vide, et enfin celle de Garrett employait 6 1/4 chevaux pour marcher à vide quand il n'en fallait que 8 1/2 pour la machine en travail.

Qu'on nous permette de citer un exemple des conséquences auxquelles peuvent entraîner les séductions bien naturelles qu'exercent sur les esprits ces belles machines quand on s'y laisse aller sans examen.

Quelques jours avant la récolte de 1857, un constructeur de Toulouse, qui n'avait jamais fait de batteuse, nous pria de lui donner quelques conseils au sujet d'une de ces machines qui avait été établie par un mécanicien étranger à notre ville sur le modèle de la batteuse Clayton, et qu'on lui avait remise pour en effectuer la réparation.

Certaines modifications de détail, au batteur et à l'appareil de nettoyage anglais, avaient fait l'objet d'un brevet d'invention pris en France. En voyant cette machine, il ne nous fut pas difficile de nous convaincre qu'on avait complétement fait fausse route. Son mécanisme était si dur, qu'une locomobile à vapeur de 6 chevaux de Calla, chauffée au point de brûler un des tubes de la chaudière, ne put la faire fonctionner que quelques heures, non sans avoir plusieurs fois cassé une partie des organes principaux de l'appareil.

Cette batteuse avait coûté près de 7 à 8,000 fr. On dut renoncer à la réparer, car une batteuse manquée est une batteuse perdue.

Ces faits, outre qu'ils portent le plus grave préjudice aux batteuses et aux constructeurs de ces machines, démontrent encore que dans de semblables systèmes où les cinq sixièmes de la force utile sont employés à mouvoir le mécanisme, et un sixième seulement pour l'égrénage et le vannage, le moindre dérangement, le moindre défaut de précision dans les pièces qui le composent doit non-seulement tourner au détriment d'un bon battage, mais aussi causer des interruptions de travail et des réparations qui coûtent fort cher.

On comprend également d'après cela combien les moteurs animés sont impuissants à mouvoir des appareils qui exigent une force au moins égale à celle nécessaire pour mettre en jeu des ateliers de filature de 4 à 5,000 broches, munis de leur outillage complet !

Leur prix élevé, notamment, et hors de proportion avec les moyens de la majorité des agriculteurs français, empêchera, aussi-bien que les circonstances qui précèdent, qu'ils en puissent faire de longtemps l'acquisition.

Mais les entrepreneurs de battage pourraient peut-être trouver leur compte à les utiliser pour leur industrie. Nous disons peut-être, car l'expérience n'a pas encore suffisamment démontré les avantages qu'il est possible d'en retirer, vu le prix élevé de la machine et du moteur, les soins intelligents qu'ils réclament, leur détérioration assez rapide, surtout de la chaudière de la locomobile; le manque d'eau d'alimentation de cette dernière, dans l'été sur beaucoup d'exploitations; enfin, le coût du charbon chez nous.

En France, il y a d'ailleurs une très grande quantité de propriétés rurales où une batteuse et une chaudière, d'un poids considérable, ne peuvent parvenir; nos voies de communications étant moins parfaites que celles de l'Angleterre où cette industrie a pris naissance. Il y aura en outre contre le battage à la façon, le véritable intérêt des agriculteurs, lequel sera d'avoir leur machine à eux. Cela leur permettra de battre en tout temps, alors surtout que la pluie entrave les labours et empêche le transport des fumiers dans les champs. Ils seront affranchis aussi de l'obligation d'attendre quelquefois pendant longtemps que la machine de l'entrepreneur soit disponible. Ces avantages sont à considérer.

Une association généreuse et amie du progrès a naturalisé chez nous la machine Clayton; le premier nous avons payé à cette magnifique création de l'industrie moderne, parfaitement appropriée au système agricole de l'Angleterre, le tribut d'éloges qu'elle mérite. Mais le premier aussi nous avons dit : que l'avenir seul pourrait décider, s'il y avait pour l'agriculture de nos contrées, un intérêt réel à l'adopter.

Trois années se sont écoulées, la machine Clayton a parcouru nos campagnes ; elle a battu toutes les récoltes que le beau temps lui a permis de battre, ses résultats sont connus ; et cependant il n'y a encore dans nos contrées qu'une seule de ces machines. Il est vrai que la batteuse américaine de Pitts, décorée d'une médaille d'honneur à l'Exposition universelle, est venue couverte de ses lauriers, de Trappes, lui disputer le terrain. A elles deux la lutte maintenant, l'expérience dira ce que vaut ce moyen de battage chez nous. Toujours est-il que, malgré ou plutôt à cause de la présence de 4 ou 5 batteuses à vapeur dans notre département, nous voyons des agriculteurs très distingués, des agronomes dont l'opinion fait autorité, conseiller l'emploi des batteuses à manége comme mieux approprié aux besoins de nos exploitations peu étendues, et contester hautement les avantages que promettaient les premières. Nous sommes entièrement de cet avis. Ce que nous avons dit et ce qui nous reste à dire à ce sujet, ne saurait que corroborer l'opinion des hommes dont on ne peut méconnaître la spécialité et le savoir.

XXXIII.

Puisque nous avons parlé de la machine de J. A. Pitts de Buffalo, de New-York (Etats-Unis), expliquons en quoi consiste ce système, qui a valu à son auteur la première des récompenses.

Disons d'abord que l'invention de cette batteuse est contestée à Pitts par Moffit, son compatriote, de telle sorte qu'on ne sait pas en réalité quel est le véritable inventeur. Ce qu'il y a de certain, c'est que Pitts seul est breveté et a cédé le droit de construire ces appareils à M. Nicolais, à Paris.

Dans cette machine, le tambour batteur diffère complétement de ceux des systèmes que nous avons déjà décrits. C'est une sorte de hérisson formé de couteaux non tranchants ayant 5 à 6 centimètres de longueur, 3 à 4 centimètres de largeur et 5 millimètres d'épaisseur, légèrement recourbés en avant, et agissant par leur partie convexe. Ils sont rangés en spirale, à une certaine distance les uns des autres, autour de la circonférence d'un cylindre en fer ou fonte, claveté sur un axe en fer. Trois ou quatre rangées de pointes semblables règnent sur la surface concave du contre-batteur, et leurs extrémités s'engrènent, sans les toucher, avec celles fixées sur le cylindre batteur.

La gerbe est introduite l'épi en avant, entre ces espèces de crochets dont les uns, ceux qui sont mobiles, tournent à une vitesse de 25 mètres environ par seconde, correspondant à 1 diamètre de 0^{m} 40 et à 1,240 révolutions par minute. Il se produit alors, si elle est très sèche, un véritable broiement de la paille dont les débris sont lancés à une grande hauteur par la toile sans fin qui les reçoit et retombent en véritable cascade sur le sol.

La paille, le blé, les balles et les épis non égrénés (il y en a malgré ce violent froissement) tombent après avoir subi l'action du cylindre batteur sur une toile sans fin formée d'une suite d'augets, en bois mince, ayant pour longueur la largeur même de la machine, et en largeur et hauteur environ 5 à 6 centimètres. Ces augets, fixés solidement à une forte toile animée d'une vitesse convenable , transportent tous les produits du battage à la partie la plus élevée de la machine. Là, les augets versent leur contenu dans l'appareil de vannage et criblage ; la paille seule est jetée par le rapide mouvement d'une sorte de moulinet à quatre ailes, sur une grille en bois sans fin qui la projette à une hauteur de 4 mètres et bientôt à 7 mètres, ainsi que l'annonce M. Nicolais, afin qu'elle arrive sans être maniée jusques sur la meule la plus élevée. L'appareil de nettoyage est, comme dans toutes les batteuses, composé de treillis en fil de fer, combinés avec des plaques de tôle ou de zinc percées auxquels on communique un mouvement d'oscillation, et enfin d'un ventilateur.

Voilà la machine Pitts. Elle est locomobile, ses essieux sont en bois, et les moyeux de ses roues en fonte. Nous avons vu fonctionner cette batteuse, un très grand nombre de fois, sans jamais pouvoir satisfaire notre désir d'assister à son travail un jour de grand vent, afin de savoir ce que pouvait devenir ce nuage de paille, voltigeant dans les airs à une aussi grande hauteur.

L'égrénage du blé ne s'y fait pas mieux que dans les batteuses françaises, ainsi que le prouvent les expériences du jury; il en est même qui lui sont supérieures ; et, si son produit est plus considérable , c'est uniquement parce qu'on y applique une force plus considérable. Quatre chevaux attelés à son manége ne purent la faire mouvoir aux expériences de Trappes, il fallut y appliquer une locomobile à vapeur de la force de 6 chevaux bien chauffée. Disons, néanmoins, pour être juste, qu'elle est une des batteuses mues par la vapeur dont la marche, à vide, absorbe le moins de force.

Notre observation personnelle nous a démontré partout où nous avons vu fonctionner la machine de Pitts, que lorsque la gerbe est humide, les engorgements sont fréquents. La paille s'enroule autour du cylindre batteur en une sorte de manchon, ce qui détermine d'ordinaire la chute de la courroie, oblige de suspendre le mouvement du moteur, et cause ainsi des pertes de temps assez réitérées pour influer sur le produit. La disposition du tambour hérisson doit aussi rendre à peu près inévitables les avaries, quand un corps dur est introduit fortuitement entre ses couteaux. Il faut donc une grande attention de la part de celui qui alimente cette machine dont le batteur ne fait pas moins, ainsi que nous l'avons dit, de 1,240 révolutions par minute. Engréner trop épais est presque toujours une cause de glissement ou de chute de la courroie ; passer trop peu à la fois, expose à casser du grain, et à faire moins de travail. C'est entre ce double écueil qu'il faut constamment se tenir.

Quoique moins compliqué que celui de la machine Clayton et autres, le nettoyage de Pitts n'en nécessite pas moins l'emploi de plusieurs courroies, qui tombent souvent et arrêtent le travail quand elles ne sont pas bien disposées. Si nous ajoutons que le prix d'achat de cette machine et de sa locomobile à vapeur est d'environ 10,000 fr., on aura compris qu'elle ne convient guère qu'à des exploitations d'une très grande étendue, ce qui est le cas le plus rare chez nous, ou ne saurait être appliquée que pour effectuer le battage à l'entreprise.

Dans tous les cas, nous le disons franchement, nous n'adopterions pas son tambour batteur, à raison même de la disposition qui fait son principal mérite. Ces minces couteaux passant très près les uns des autres, nous semblent, en effet, devoir être une cause de fréquentes réparations toujours très difficiles à la campagne. Or, on doit compter sur ces éventualités quand on construit une batteuse, car il n'est pas d'exemple qu'une opération de quelque durée se soit accomplie sans qu'une pierre, un morceau de bois ou de fer n'aient été introduits accidentellement ou à dessein dans la machine. Ici les conséquences seraient plus fâcheuses que dans les autres batteurs, à cause de ces nombreux couteaux qui peuvent être cassés ou faussés, quelle que soit d'ailleurs leur solidité.

Ce genre de batteur exclut encore la possibilité d'y passer les plantes légumineuses, dont les graines seraient inévitablement cassées en morceaux. Enfin l'on a remarqué que les épis des portions de gerbes qui étaient présentés à rebours étaient mal égrénés; qu'il y en avait beaucoup de cassés, ce qui, dans la machine originale, a nécessité l'adjonction d'un élévateur, qui reprend ces derniers et les reporte au batteur, où ils subissent un second égrénage.

Mais de tous les appareils de nettoyage que nous avons vus, celui de la machine de Pitts est le plus simple; il rend le blé assez propre, il n'absorbe pas, comme dans les batteuses de Clayton, Hornsby, Garrett, une quantité de force hors de toute proportion avec le travail produit. A ce point de vue, la batteuse américaine de Pitts a bien mérité la récompense que le jury accorda à son auteur en 1855. Avec quelques modifications, et surtout en supprimant son tambour hérisson, cette batteuse serait donc susceptible de donner d'excellents résultats, et même d'être mue par un manége, ce à quoi paraît avoir renoncé M. Nicolais.

représentant de l'inventeur, du moins en ce qui concerne la grande machine. Il a été obligé de construire ou de vendre des petites batteuses de ce système qui séparent la paille, et ne nettoient pas le grain. Ces machines coûtent 800 fr., et le manège américain pour deux ou trois chevaux qui l'accompagne coûte aussi 800 fr., le tarare à bras revient à 200 fr., total 1,800 fr. et 2,000 fr. avec les frais. C'est un peu cher. Il est vrai que M. Nicolais promet que sa machine battra 200 gerbes de 10 kil. à l'heure. Nous n'ajouterons aucune observation pour ou contre ce résultat, n'ayant pas de donnée suffisante à cet égard ; seulement on ne dit pas si ce résultat sera obtenu avec deux ou quatre chevaux.

Quant à la grande machine annoncée battre 500 gerbes à l'heure ou un total de 3,000 gerbes de 10 kilogr. par jour, on sait à Toulouse ce que cette batteuse a pu faire d'une manière régulière avec des locomobiles à vapeur de six et huit chevaux, un personnel de vingt à trente personnes, hommes ou femmes, puisque deux ou trois de ces appareils ont fonctionné sur diverses exploitations. Nous ne dirons donc rien de son produit moyen chez nous, les renseignements nous manquant. Mais ce que nous pouvons affirmer, c'est que dans les expériences faites avec soin en 1855 au Conservatoire des Arts et Métiers par le jury, aidé du concours de M. Tresca, sous-directeur de cet établissement, la machine de Pitts, à pleine charge, employait 7, 45 chevaux-vapeur, et battait par heure, par cheval, 331 kil. de gerbe, soit pour les 7, 45 chevaux, travaillant dix heures, 24,720 kil. de gerbe.

En supposant que la gerbe rendait 34 0/0, on a

8,404 kil. de blé ou 105 hectolitres de 80 kilog. La machine de Lotz aîné, avec six chevaux-vapeur, a battu 797 kil. de gerbe par cheval et par heure, ce qui, en admettant qu'elle eût eu, comme celle de Pitts, une locomobile de 7, 45 chevaux, porterait son produit en dix heures à 59,376 kil. de gerbe, rendant à 34 0/0 252 hectolitres. Voilà pour cette machine les résultats obtenus au Conservatoire ; voyons ce qu'elle a fait à la campagne.

En septembre 1857, on écrit de Beyric (Landes), au directeur du *Journal d'Agriculture pratique :*

« Nous avons battu le restant de nos céréales avec
» une machine à vapeur de Lotz, qui a parfaitement
» bien fonctionné pendant une semaine et battu 534
» hectolitres de froment et d'avoine en quarante-
» huit heures de travail effectif. C'est en moyenne
» 11 hect. 12 par heure ; elle a consommé 33 kil. 3
» de charbon de houille par heure. Dix-huit jeunes
» gens ont été nécessaires pour alimenter la machine
» et dégager la paille ; ils ont travaillé avec un en-
» train et un ensemble inconnu jusqu'à ce jour dans
» ce pays et qui faisait plaisir à voir. »

Ainsi la batteuse dont s'agit a travaillé pendant une semaine quarante-huit heures seulement : ce qui veut dire qu'elle aurait égréné 111 hectolitres en dix heures. Pourquoi n'a-t-elle fonctionné que huit heures par jour ? Il serait important de le savoir. La quantité de charbon brûlée a été de 33 kil. 3 par heure, soit, en supposant 4 kil. par force de cheval et par heure, une force employée égale à 8, 32 chevaux-vapeur. Cette batteuse ne vannant pas, il faut diminuer son produit de près de moitié. Et puis nous ferons observer qu'on a battu de l'avoine et du blé : or, la première s'égrénant avec plus de facilité, produit beaucoup plus. Quelle était la proportion des deux grains dans les 534 hectolitres? Et la proportion de paille dans la gerbe battue? Ces éléments manquent pour apprécier au juste le prix de revient de ce battage, qui modifie si sensiblement les résultats obtenus au Conservatoire.

Disons-le donc franchement, tous ces résultats étaient forcés, et le jury se garde bien de les donner comme absolus.

« Nous savons, disent les honorables rapporteurs » du jury de la sixième classe, qu'il y a des ma- » chines de concours, comme il y a des hommes de » concours, machines et hommes, ayant un genre » particulier de mérite, qui donne les succès éphé- » mères. Hommes de pratique, nous apprécions d'ail- » leurs l'influence qu'exercent souvent sur le fonc- » tionnement d'une machine, surtout quand il est » de courte durée, des circonstances en apparence » insignifiantes. »

Qu'ajouter à cette réserve, si ce n'est qu'elle est pleine de sagesse, et en parfaite harmonie avec le sentiment de tous les hommes de pratique en pareille matière.

Pour nous, il nous paraitra toujours impossible qu'un homme, y en eût-il deux, puissent suffire à l'alimentation d'une machine, fût-elle capable, comme celle de Lotz, de dévorer près de 6,000 gerbes en dix heures ou 10 gerbes à la minute. On conçoit que dans un concours où les expériences ne peuvent durer que quelques minutes, cela puisse se faire. Mais des hommes, pour si robustes qu'on les suppose, pourraient-ils tenir, pendant une journée, à un semblable travail? Nous répondons et nous offrons de prouver que cela est impossible, et qu'il faut en pratique rabattre bien plus de la moitié de ces grands résultats, à moins qu'on n'invente une machine où l'on puisse jeter la gerbe entière ; et encore ne les atteindrait-on pas, en supposant que cette chimère pût devenir une réalité. Plusieurs de ces machines à grands produits brisent d'ailleurs énormément la paille. Toutes exigent un personnel de vingt à trente personnes. Comment les réunir sur le plus grand nombre de nos exploitations ? Leur utilité générale, sous ce double rapport, est loin encore d'être démontrée. C'est là un fait qui n'ôte rien à leur mérite relatif ; mais qu'il n'est pas possible de passer sous silence quand on s'est imposé pour règle de dire la vérité.

XXXIV.

On ne pourrait, au reste, s'imaginer à combien d'inventions de la part des mécaniciens a donné lieu le battage des grains. Que d'essais ! Que d'argent dépensé ! pour arriver à la réalisation d'idées très ingénieuses en théorie, mais dont le succès en pratique a été loin de récompenser les efforts de leurs auteurs ! L'Exposition Universelle, qui avait libéralement accueilli toutes les œuvres de l'industrie, offrait, en ce qui concerne la simple batteuse, des variétés de systèmes d'une grande originalité. Nous en ferons connaître quelques-unes pour prévenir, s'il est possible, de nouvelles illusions.

Parmi ces systèmes auxquels on n'a même pas fait l'honneur de les nommer, nous citerons la machine de M. Gardissal de Paris, composée d'un lourd cylindre en fonte de 80 centimètres de diamètre et de plus de 1 mètre de largeur, finement cannelé dans le sens parallèle à l'axe, frottant contre une espèce de manchon ou toile sans fin, placée verticalement et tournant tangentiellement à la circonférence du cylindre. Cette toile sans fin, dont le mouvement est plus lent que celui de ce dernier, est composée de plaques en fonte également cannelées, et articulées les unes aux autres au moyen de charnières en cuivre. C'est entre ces deux organes, et seulement à leur point de contact, naturellement très restreint, qu'a lieu l'égrénage. Tout ce que l'on peut dire de cette machine, c'est qu'elle doit exiger une force disproportionnée à son produit, qu'elle doit avoir coûté fort cher à construire, et que c'est un travail d'ajustage très remarquable, mais aussi bien fragile. Il faut plus de rusticité à la construction d'une batteuse.

Nous avons vu encore une machine à frottement venue de Villa-Savary, dont le cylindre battenr se composait de deux disques en fonte, reliés par des barres de fer, entre lesquelles sont disposés à charnières des secteurs cannelés en bois, qui sont projetés hors de la circonférence du cylindre, par l'effet de la force centrifuge, lorsque celui-ci tourne, et agissent sur l'épi par choc et par frottement. Cette machine était à manége direct pour deux chevaux. Elle n'a pas été essayée; les renseignements manquent donc complétement à son sujet.

Il est à craindre que le jeu mille fois répété des charnières qui retiennent les secteurs, ne soit une cause fréquente d'accidents. Quant au manége direct, nous dirons bientôt pourquoi nous n'approuvons pas ce système.

Dans une ou deux batteuses étrangères les auteurs ont employé un double cylindre dont l'un est superposé à l'autre. Quand la gerbe a subi l'action du premier, l'égrénage en est achevé par le second. Ces machines, qui paraissaient devoir marcher à bras, étaient très soignées dans leur construction. On ne peut pas dire ce qu'elles valent au point de vue du travail, dont elles sont capables, n'ayant été soumises à aucune expérience.

Dans la machine de MM. Borrosch et Jasper de Prague (Bohême), qui est à bras et à percussion, le bord extérieur des battes qui sont en fer et droites au rayon, comme dans celles de Lotz, au lieu d'être rectiligne, est ondulé de manière à présenter des saillies et des creux, qui correspondent alternativement à des dépressions ou des renflements semblables pratiqués dans les barres du contre-batteur.

La machine à battre aussi à bras de Hamm (Saxe est établie sur le même principe. Mais ici le bord agissant des battes présente des dents comme une crémaillère, et ces dents s'engrènent dans les intervalles correspondants des lames du contre-batteur, en laissant entr'elles et sur les trois faces du trapèze régulier dont elles ont la forme, un intervalle de 3 à 4 millimètres environ; cette petite machine peut être mue par deux ou quatre hommes. Elle a fonctionné au Conservatoire des Arts et Métiers en 1855, et a battu en une heure, avec un cheval-vapeur, 635 kilog. de gerbe, mais en laissant beaucoup de blé et en brisant un peu la paille. C'était, on le voit, comme toujours, un résultat forcé et qui coûterait bien cher en pratique.

Une machine très curieuse, à cause de son originalité, est celle de M. Richter de Kœnigsaal près de Prague (Bohême), qui a voulu évidemment utiliser la pression pour l'égrénage du blé. A cet effet, le cylindre batteur est composé de deux grands disques en fonte à croisillons, fixés sur un axe horizontal ordinaire. Un peu en-dedans de la circonférence de ces disques, existent des ouvertures elliptiques dont le plus petit sommet est dirigé vers le centre de l'axe, et le plus grand à l'opposé. Les dimensions de ces ouvertures sont telles, qu'un gros œuf de poule de la section longitudinale duquel elles ont la forme, pourrait tout juste passer au travers. Elles sont au nombre de trente-deux. Chacune d'elles reçoit sur l'un et l'autre disque, le tourillon de trente-deux rouleaux de 5 centimètres de diamètre, disposés, par conséquent, dans le sens parallèle à l'axe, et à 4 ou 5 centimètres de distance les uns des autres. La surface de ces rouleaux est unie; ils sont en fonte et coulés sur un axe en fer dont les tourillons ont environ 15 millimètres de diamètre; ils peuvent ainsi jouer très librement dans les ouvertures elliptiques qui leur servent de coussinets. Tout cet assemblage forme un cylindre de 80 centimètres à 1 mètre de diamètre environ. Le contre-batteur est placé au-dessus, et enveloppe sa demi-circonférence. Il est formé de grosses cannelures transversales à section triangulaire, d'un écartement et d'une profondeur tels, que les rouleaux mobiles peuvent y pénétrer en partie. La gerbe introduite *en long*, au moyen de deux cylindres alimentaires à surface unie, subit l'action répétée des 32 rouleaux que la force centrifuge, due à la rotation rapide du tambour, projette vers la circonférence. Il en résulte une forte pression de la gerbe contre les cannelures. Mais cette pression ne saurait endommager le grain; car si les rouleaux éprouvent trop de résistance, ils rebondissent vers le centre, par suite de l'élasticité de la couche de gerbe ; mais seulement dans une limite très restreinte, par suite de la persistance de l'action centrifuge, qui fait ici l'office d'un ressort très doux. Il y a donc, indépendamment d'un léger choc, le frottement des rouleaux en contact avec la gerbe sur un développement de surface de 1 mètre 50 centimètres environ, et de plus la pression qu'excercent ces derniers contre les cannelures du contre-batteur.

En théorie, cette idée est assez ingénieuse, l'exécution de la machine est parfaite ; mais quels résultats donne-t-elle ? Voilà ce que nous ignorons. Ce tambour, avec ses disques chargés de 32 rouleaux en fonte, ne pèse pas moins de 4 à 500 kilog., et tout l'appareil, près de 1,000 kil. C'est bien lourd pour pouvoir être transporté facilement. Quelle force d'ailleurs ne faut-il pas pour mouvoir rapidement ce pesant cylindre !

Quoi qu'il en soit, cette machine n'a pas été essayée ; ce qui est regrettable. On n'en a pas parlé non plus ; ce qui l'est également. Le silence en pareille matière, s'il n'est l'expression du dédain, n'avertit nullement celui qui vient se faire juger de bonne foi, qu'il a fait fausse route, et ne signale pas à d'autres l'écueil qu'il faut éviter. Il peut en résulter une indécision fâcheuse pour l'inventeur et le public. Pour ce dernier surtout qui a vu et peut avoir été impressionné d'une idée séduisante ; mais radicalement défectueuse dans l'application.

Nous expliquerions ici, avec détails, les ingénieux moyens employés par MM. Drewitz et Rudolf, de Thorn (Prusse) ; et Barrett, Exall et Andrews, en Angleterre, pour faire varier l'écartement du batteur et du contre-batteur sans arrêter la machine, si dans notre manière de voir les contre-batteurs fixes n'étaient un défaut dans les batteuses. Nous entendons par contre-batteurs fixes ceux qui, une fois réglés, ne cèdent à aucun excès de pression.

La machine de MM. Drewitz et Rudolf, dont le contre-batteur se règle par un mécanisme des plus simples et des plus parfaits à la fois, présentait encore une disposition particulière pour imprimer le mouvement au cylindre batteur sans engrenages, ni courroies ; du moins, en ce qui concerne ce dernier organe seulement, la transmission ayant ses engrenages et courroies indispensables. Pour obtenir ce résultat, les auteurs emploient une grande poulie de friction contre la circonférence intérieure de laquelle est pressée, au moyen d'un contre-poids, la petite poulie du batteur.

Au premier abord on admire cette ingénieuse disposition, mais un peu de réflexion fait reconnaître que pour déterminer l'adhérence entre les deux surfaces en contact, il faut une très forte pression, laquelle augmente notablement le coefficient de frottement des axes des deux poulies, d'où résulte une résistance plus grande. En second lieu, cette grande poulie de friction est lourde, encombrante et nuit à la facilité du transport. Il y a de plus cette circonstance qu'une partie de la poussière produite par le battage s'interpose entre les surfaces de contact et diminue l'adhérence, ce qui oblige à augmenter la pression et par suite la résistance de la machine.

Nous dirons bientôt quel est le moyen qui nous paraît le plus simple pour imprimer le mouvement à une machine sans secousses, sans chocs nuisibles, et partant sans augmenter sa résistance. Nous arrêtons ici ces données générales sur les batteuses connues, renvoyant pour plus ample information au tableau des expériences faites par le jury, tableau auquel nous avons ajouté trois colonnes d'une très grande importance : celles relatives au diamètre, à la vitesse, à la circonférence et au nombre des battes des divers cylindres batteurs.

XXXV.

Après avoir parlé des machines à battre dont aucune de celles que nous avons vu à l'Exposition Universelle n'a été passée sous silence, du moins, en ce qui concerne les divers systèmes d'égrénage généralement employés, nous devons dire quelques mots des moteurs et surtout des *récepteurs* chargés de transmettre la force motrice à la machine. Ces derniers comprennent les machines à vapeur et les manéges. Nous pourrions y ajouter, avons-nous dit, les roues hydrauliques et les moulins à vent, mais ils ne sont que très rarement employés au battage des grains.

Les machines à vapeur sont fixes, portatives ou locomobiles.

Les manéges sont également fixes, portatifs ou locomobiles. Ces derniers comprennent le manége *direct*, c'est-à-dire celui qui fait corps avec la batteuse et le manége dit à terre, lequel est indépendant et séparé de la machine à battre par un intervalle plus ou moins grand. Nous examinerons l'un après l'autre ces divers récepteurs. Nous nous occuperons seulement maintenant des locomobiles à vapeur, et afin de fournir tous les renseignements possibles à leur égard, nous ne saurions mieux faire que de donner ici un extrait de notre rapport sur l'Exposition Universelle française en 1855, concernant ces machines.

« Parmi les applications de la vapeur, il n'en est » pas de plus intéressante que celle qui en a été » faite de nos jours aux machines à battre le blé. » Placée sur deux ou quatre roues, une machine à » vapeur, depuis la force de 3 jusqu'à celle de 12 chevaux, peut être transportée partout où il existe » des voies de communication convenables et multiplier ainsi ses services.

» Il y a très peu de différence entre une locomobile à vapeur et une locomotive de chemin de fer, » si ce n'est que dans cette dernière la force de la » machine est employée à faire tourner sur les rails » les roues qui la portent, et à utiliser ainsi, pour » la locomotion, leur adhérence naturelle considérablement augmentée par le poids énorme de l'appareil dont elles sont chargées et à l'utiliser pour » la traction d'une suite de wagons transportant des » voyageurs ou des marchandises. La locomobile est, » au contraire, traînée d'un point à un autre par » des chevaux ou des bœufs, et sa puissance toute » entière, engendrée dans la chaudière, est employée à faire tourner un volant sur lequel, à » l'aide d'une courroie, on prend le mouvement » pour faire marcher la batteuse, qui peut elle-même » être portative ou locomobile.

» La locomobile n'a pas de *tender*, c'est-à-dire » de magasin de charbon et de réservoir d'eau, » qu'elle traîne après elle ; son mécanisme, quoique » le même en principe que celui de la locomotive, » est infiniment moins compliqué.

» En général, cet appareil se compose d'un foyer

» à grille et cendrier appelés boîte à feu, d'une chau-
» dière tubulaire de l'invention de notre compatriote
» Séguin d'Annonay, bien qu'elle nous soit reve-
» nue d'Angleterre sous le nom de *fusée de Stephenson*. Ce système de chaudière employé ici
» comme dans les locomotives, a pour but, on
» le conçoit, de produire en peu de temps, avec
» un générateur peu volumineux et cependant à sur-
» faces de chauffe multipliées, une grande quantité
» de vapeur. Une cheminée jette dans l'atmosphère
» les produits de la combustion et reçoit du cylindre,
» à chaque coup de piston, la vapeur qui, après
» avoir été utilisée comme moteur, sert encore à ac-
» tiver le tirage de la première. Un cylindre à va-
» peur, d'une capacité proportionnée à la force à
» produire, est placée horizontalement au-dessus de
» la chaudière. Son piston doit être parfaitement
» ajusté, la tige qu'il porte est articulée avec l'extré-
» mité d'une bielle dont l'autre extrémité s'articule
» aussi à la manivelle d'un arbre coudé, placé trans-
» versalement à quelque distance en avant. Une des
» extrémités de cet arbre coudé, et quelquefois tou-
» tes deux, portent un volant moteur sur lequel,
» ainsi que nous l'avons dit, on prend le mouve-
» ment au moyen d'une courroie. Un régulateur à
» force centrifuge de Watt, réglant à l'aide d'une
» distribution l'introduction de la vapeur dans le
» cylindre; un niveau d'eau, un manomètre pour
» connaître son degré de tension, des soupapes de
» sûreté, des robinets, des tubes conducteurs de
» la vapeur et de l'eau, une pompe alimentaire,
» complètent, comme dans toute autre machine de
» ce genre, les accessoires indispensables de la
» locomobile. Pour éviter les déperditions du calori-

» que, la chaudière est entourée d'un tissu, mau-
» vais conducteur en feutre, de crin, garni de sciure
» et recouvert en bois extérieurement.

» Divers constructeurs, soit anglais, soit français,
» avaient envoyé des locomobiles à vapeur à l'Ex-
» position Universelle. Ce sont : en Angleterre,
» MM. Clayton et Shuttleworth, Hornsby, Ran-
» somes et Sims; et en France, MM. Calla, Flaud,
» Nepveu, Rouffet, de Paris; Lotz fils aîné, P. Re-
» naud et A. Lotz, de Nantes.

» Toutes ces machines se ressemblent à première
» vue et sont identiques, d'ailleurs, quant au prin-
» cipe de la construction. Sauf les locomobiles de
» MM. Lotz, Renaud, et Lotz et Nepveu, qui, seules,
» ont une forme et des dispositions particulières.

» Dans l'industrie étrangère, ceux de tous les
» constructeurs anglais qui ont fait le plus de loco-
» mobiles sont, sans contredit, MM. Clayton,
» Shuttleworth, etc. Ils ont déjà livré plus de
» 1,200 de ces machines.

» D'après ces constructeurs, leur machine de
» 4 chevaux peut battre de 65 à 75 hectolitres de
» blé par journée de 10 heures. Elle consomme dans
» ce même temps 200 kil. environ de charbon, soit
» à Toulouse, 10 fr., et emploie 1,452 litres d'eau.
» Elle coûte, prise en Angleterre, 4,375 fr. Son
» poids est de 1,820 kil.

» La locomobile de 5 chevaux bat de 85 à 95 hec-
» tolitres par 10 heures, brûle 230 kil. ou 11 fr.
» de charbon, emploie 1,816 litres d'eau; elle pèse
» 2,275 kil. et coûte, prise en Angleterre, 4,750 fr.

» Celle de 6 chevaux peut battre de 95 à 115 hec-
» tolitres en 10 heures, elle consomme 275 kil. de
» charbon, soit 13 fr. environ; elle emploie 2,179 li-

» tres d'eau ; elle pèse 2,500 kil., et coûte 5,250 fr., » droits de douanes non compris.

» Le modèle de 7 chevaux peut opérer le battage » de 115 à 135 hectolitres de blé en 10 heures ; il » brûle 320 kil. de charbon, pour 15 fr. environ, » à Toulouse, emploie 2,550 litres d'eau, son poids » est de 2,730 kil. ; il coûte 6,750 fr. en Angle- » terre.

» La locomobile de 8 chevaux peut battre de 155 » à 175 hectolitres en 10 heures, en consommant » 364 kil. de charbon, pour 17 fr. environ, à Tou- » louse, elle emploie 2,900 litres d'eau, son poids » est de 2,957 kil. ; elle coûte, au-delà du détroit, » 6,250 fr.

» Enfin, la locomobile de 10 chevaux peut bat- » tre de 175 à 195 hectolitres de blé en 10 heures ; » elle consomme 455 kil., soit 21 fr. de charbon » dans le même temps. La quantité d'eau employée » est de 3,550 litres, son poids est de 3,412 kil., et » son prix de 7,125 fr. en Angleterre.

» Les quantités de blé indiquées ci-dessus pro- » viennent, d'après les constructeurs, de blés cou- » pés à la grande faux. Les nouvelles locomobiles » de ces exposants présentent une heureuse disposi- » tion du cylindre et de la distribution qui ont été » placés dans la boîte à fumée. Ils sont l'un et » l'autre contenus dans une enveloppe métallique, » et la vapeur circule dans l'espace qui les sépare, » tandis que la surface extérieure étant placée à la » base de la cheminée, est entourée d'une chaleur » de 400 degrés et au-dessus. La perte du calorique » par rayonnement est donc très faible ; il en doit » résulter une économie assez sensible de combus- » tible par les temps froids. On conçoit que nous ne

» nous portions nullement garant de l'exactitude des
» chiffres présentés par MM. Clayton et Shuttleworth,
» etc., en ce qui concerne les quantités de blé battus
» par 10 heures. Nous sommes, au contraire, fon-
» dés à croire qu'il faut en pratique considérable-
» ment rabattre de ces quantités. Si nous avons donné
» ces détails, c'est qu'en ce qui touche le charbon
» brûlé, l'eau consommée, le poids et le prix de
» ces divers modèles, il peut y avoir intérêt pour
» tout le monde à les connaître; du moins approxi-
» mativement.

» Les machines locomobiles d'Hornsby et fils pré-
» sentent une disposition qui a pour effet, comme
» celles dont nous venons de parler, d'empêcher la
» perte de calorique par rayonnement. Ici seulement
» le cylindre et la boîte de distribution sont enfer-
» més dans le réservoir de vapeur. Toutes les autres
» parties de l'appareil sont entièrement semblables à
» celles qui précèdent.

» La locomobile exposée par Ransommes et Sims
» d'Ipswich, comté de Suffolk, était de la force de
» 7 chevaux. Un bâtis en fonte placé sur la chau-
» dière supporte la machine. Deux coulisses guident
» la tige du piston dont la bielle agit sur une mani-
» velle coudée. A l'extrémité de l'un des tourillons
» de cette manivelle est ajustée et clavetée une roue
» d'angle qui engrène avec une roue semblable fixée
» sur l'axe du régulateur. La pompe alimentaire,
» placée près de la cheminée et la distribution placée
» à l'avant, sont mues chacune par l'un des deux
» excentriques fixés sur l'arbre de la manivelle. A
» l'aide de deux leviers distincts, le chauffeur peut
» régler à la main l'introduction de vapeur et le jeu
» du tiroir de distribution ; il peut manœuvrer aussi

» un registre placé dans la cheminée pour régler le » tirage. Dans cette machine, qui est parfaitement » exécutée, la plaque de fondation fixée sur la chau- » dière est disposée en réservoir, de telle sorte qu'à » chaque tour la manivelle va plonger et se lubrifier » dans un bain d'huile ou de graisse fondue.

» Les machines locomobiles françaises ne le cè- » dent en rien aux meilleures machines anglaises ; » voilà un fait que l'on constatait avec plaisir au » grand concours de 1855.

» M. Calla, de Paris, avait exposé divers modè- » les de ces appareils parfaitement construits et de » toute force. Ceux qui sont le plus habituellement » en cours de fabrication chez ce constructeur sont » de la force nominale de 3, 6, 9, 12 et 15 che- » vaux. Leur force réelle est de 30 à 50 0/0 au- » dessus de leur force nominale : ce qui établit le » prix d'achat du cheval nominal à 900 fr., et celui » du cheval réel à 6 ou 700 fr. Les chaudières » éprouvées et timbrées à 6 atmosphères ne mar- » chent qu'à 5. Leurs générateurs sont en tubes de » laiton, et leur surface de chauffe est considérable : » 5^m 40 dans les machines de 3 chevaux nominaux » (3,45) effectifs et jusqu'à 1^m 80 par cheval dans » les grandes machines. Les tubes en laiton sont » protégés contre la déperdition du calorique par » deux enveloppes superposées, un feutre de 2 cen- » timètres d'épaisseur et un revêtement en bois. » Leur consommation en houille varie de 2 à 4 kil. » par cheval et par heure (10 à 20 c.), suivant » leurs dimensions. C'est-à-dire que dans les plus » petites machines la consommation est de 4 kil., et » que la consommation des machines de 15 chevaux » descend à 2 kil.

» Dans la petite machine de 3 chevaux exposée, » cette consommation était de 4 kil. 300 par cheval » et par heure. Le piston a 0m 11 de diamètre, sa » course est de 0m 20 et sa vitesse de 1m 20 par » seconde. La tige du piston terminée en fourche à » son extrémité extérieure agit, au moyen d'un ma- » neton, sur un disque équilibré au moyen d'un con- » tre-poids. L'échappement de vapeur a lieu au- » dessous du cylindre, par un tube qui pénètre dans » la chaudière, la traverse longitudinalement et dé- » bouche dans la cheminée.

» Le seul défaut que l'on puisse reprocher au » constructeur dans cette machine, c'est d'avoir placé » le cylindre, le support de la glissière qui guide la » tige du piston et le palier du volant sur la chau- » dière même, sans plaque de fondation commune » qui prévienne l'influence de la dilatation sur la pré- » cision des mouvements, et consolide ainsi tout le » système des pièces les plus importantes.

» Ce défaut a été évité dans une machine de 12 che- » vaux (18 effectifs) appartenant au même construc- » teur. Ici le disque à pivot a été supprimé et la » bielle à deux branches, par son extrémité oppo- » sée à celle articulée à la tige du piston, agit sur » un arbre à manivelle dont chaque bout porte un » volant. Des vides sont venus de fonte dans la face » intérieure de la jante de ces volants pour faciliter » l'équilibre du poids du piston et de la bielle. La » tige du piston est en acier fondu, sa coulisse est » unique. La détente a lieu dans ces machines par » recouvrement des tiroirs. Le régulateur agit sur » une valve placée à la gorge du tube introducteur » de vapeur. Les dispositions données aux grilles, » et les proportions de la surface de chauffe, per-

» mettent d'employer pour le chauffage, avec une
» égale facilité, la houille, le coke, le bois et même
» la tourbe.

» Les locomobiles Clayton ont servi de modèle à
» M. Calla; mais il faut dire aussi que ce dernier les
» a très avantageusement modifiées.

» Le service de ces locomobiles est à la portée de
» tout ouvrier tant soit peu soigneux. Une grande fa-
» cilité est d'ailleurs offerte aux acquéreurs pour l'ins-
» truction des chauffeurs ou conducteurs. L'acheteur
» peut choisir dans la population de sa propre localité
» l'ouvrier qu'il veut charger de la conduite de sa ma-
» chine, et l'envoyer passer huit ou quinze jours dans
» l'établissement des constructeurs, où des locomobi-
» les de diverses forces sont constamment en activité.
» Cet ouvrier y fait son apprentissage, il y conduit,
» alimente, entretient, nettoie lui-même, et sous
» la direction d'ouvriers expérimentés, une machine
» semblable à celle qu'il doit conduire plus tard.
» Cette facilité a ses avantages, en ce sens qu'elle
» prévient les embarras de plusieurs sortes, que donne
» très souvent l'emploi des ouvriers étrangers aux
» localités.

» M. Flaud, de Paris, qui s'est attiré une si grande
» réputation par ses machines fixes à grande vitesse,
» avait aussi exposé une locomobile de six chevaux, éta-
» blie dans le même système. Cette machine, avec quel-
» ques-unes de celles exposées par M. Calla, a fait fonc-
» tionner, pendant toute la durée de l'Exposition,
» une partie des appareils en mouvement. Elle fonc-
» tionne à 5 atmosphères, son volant fait 400 ré-
» volutions par minute. Une plaque de fondation
» supporte et relie toutes les parties de la machine,
» deux coulisses guident la tige du piston. La grande

» vitesse des divers mobiles de cette locomobile a né-
» cessité un développement proportionné des surfaces
» de frottement. M. Flaud affirme ne pas brûler, avec
» cette machine, plus de 3 kil. 500 par heure et par
» force de cheval, soit 10 fr. 40 par journée de dix
» heures. Son poids est de 1,600 kilogrammes et son
» prix de 6,000 fr. Elle faisait marcher une machine
» à faire les frises de parquet, une machine à scier
» les bordages sur les quatre faces, une turbine à
» force centrifuge pour le séchage, une machine
» à mortaiser et à faire les tenons au bois, une
» scierie à lame sans fin.

» Une locomobile exposée par M. Rouffet, de Pa-
» ris, de la force de quatre ou six chevaux, présen-
» tait la suppression des entretoises employées d'or-
» dinaire dans les chaudières à foyer carré pour résis-
» ter à la pression. Cette chaudière est formée de deux
» tubes cylindriques assemblés à angle droit. L'un de
» ces tubes est vertical, et contient le foyer. Le tube
» horizontal contient les tubes conducteurs de la flamme
» à la boîte à fumée ; ils sont en laiton. Comme dans
» les meilleures machines de ce genre, une grande
» plaque de fondation reçoit les parties principales.
» La détente sur laquelle agit la vapeur, par recou-
» vrement, a lieu pendant les 2/5es de la course du
» piston. Sur le tube vertical de la chaudière, et
» au-dessus du foyer, est placée une boîte hémi-
» sphérique en cuivre, dans laquelle un tuyau ter-
» miné en pomme d'arrosoir, afin d'éviter les en-
» traînements d'eau dans le cylindre, prend la vapeur.
» Cette locomobile, qui se distingue par sa forme,
» et par son mode de locomotion de celles dont nous
» venons de parler, présente une exécution parfaite
» de toutes ses parties.

» La plus simple de toutes les locomobiles que
» nous avons vues à l'Exposition Universelle, était une
» petite machine de trois chevaux, exposée par MM.
» Nepveu et Comp^e, auxquels est due la transmission
» de mouvement de l'annexe. On dirait, à voir cet
» appareil, un tonneau monté sur deux roues. Il
» ne brille certes ni par sa forme, ni par son éclat;
» mais il n'en doit pas moins inspirer une grande con-
» fiance, à cause de sa solidité et de la bonne en-
» tente de sa construction. Une disposition digne à
» tous égards de l'attention de ceux qui emploie-
» ront les locomobiles aux battages des grains, ou
» dans l'intérieur des bâtiments, est celle qui a
» pour objet la diminution du danger d'incendie
» dont l'entrainement des flammèches peut être l'oc-
» casion dans les autres appareils de ce genre. A cet
» effet, 27 tubes de 35 millimètres de diamètre dans
» lesquels fait retour la flamme qui a déjà léché les
» flancs d'une chaudière cylindrique de 2 mètres de
» longueur, et de 80 centimètres de diamètre à
» foyer intérieur, également cylindrique, prolongeant
» ainsi considérablement son trajet, la dépouillent
» d'une grande partie des corps en ignition échappés
» au foyer. Cette disposition a aussi l'avantage de
» permettre la facile augmentation de la surface de
» chauffe, laquelle est ici de 1^m 80 par cheval.
» La distribution est remarquable de simplicité; elle
» consiste en deux petits pistons à segments fixés sur
» une même tige, jouant dans un cylindre alésé,
» dont chaque extrémité, traversée par la tige,
» porte un *stuffing-box*, ou boîte à étoupes. Ce
» petit cylindre fait corps avec le cylindre moteur,
» et paraît être venu de fonte avec lui. Le piston est
» en fer forgé, sa tige est en acier. La manivelle est

» en fonte et fait corps avec l'excentrique; le collier » seul et sa tige sont en fer. La pompe alimentaire » à clapets ordinaires, peut être visitée avec la plus » grande facilité, ce qui est un avantage précieux. Elle » est mise en mouvement par le même boulon qui » articule la bielle avec la tige du piston du cylindre » moteur. Tout cela est d'une simplicité remarquable, et nous pouvons affirmer que le jeu en est » parfait.

» Cette locomobile pèse 1,200 kilog., et son prix » est de 2,500 fr. Malgré son apparence peu séduisante, cette petite machine a obtenu du jury qui, » dans ses appréciations, s'est plutôt attaché au » fonds qu'à la forme, une médaille de première » classe.

» Toutes les machines locomobiles de MM. Lotz » aîné, et Renaud et Lotz, de Nantes, sont comme » celles de MM. Nepveu et Comp^{e}, montées sur deux » roues. Elles présentent comme cette dernière la » même apparence de rusticité; comme elle aussi, » hâtons-nous de le dire, les pièces principales offrent une exécution très soignée.

» Le modèle n° 1 de M. Lotz aîné se compose » d'une chaudière ordinaire et d'une batteuse montée, l'une et l'autre sur le même train en fer » supporté par deux roues. Le cylindre est adhérent » à la batteuse. Son piston donne 150 coups à la » minute, et transmet, au moyen d'une bielle et » d'un disque fixé à l'extrémité d'un arbre horizontal, le mouvement au volant, qui est lui-même » claveté à l'autre extrémité. C'est de ce volant » dont le diamètre est de 1^{m} 30, que la poulie du » tambour batteur, qui a 18 centimètres environ de » diamètre, reçoit le mouvement au moyen d'une

» courroie. Le batteur fait donc entre 1,000 et
» 1,100 tours par minute, et la vitesse à sa circon-
» férence est entre 28 1/4 à 29 1/2 mètres par se-
» conde.

» La force de cette machine qui est de quatre che-
» vaux, peut être, d'après M. Lotz aîné, portée à
» six. Son cylindre a 18 centimètres de diamètre,
» et la course du pistion est de 25 centimètres. Elle
» fonctionne d'ordinaire à la pression moyenne de
» 4 atmosphères 1/2.

» Le prix de l'appareil complet est de 4,200 fr., la
» consommation de charbon est annoncée ne devoir
» pas dépasser 3 hectolitres 1/2 par journée de douze
» heures. Il faut 1,200 litres d'eau pour alimenter
» la chaudière pendant ce temps. Le poids total de
» cette machine est de 2,700 kilog.

» La quantité de blé battu serait, d'après M. Lotz,
» de 150 à 300 hectolitres par journée de douze
» heures, non vanné ni nettoyé. Aux expériences
» du Conservatoire des Arts et Métiers, en employant
» six chevaux, cette locomobile a battu 797 kil. de
» gerbe par heure par force de cheval, soit 47,820
» kil. de paille en dix heures : ce qui, en suppo-
» sant un rendement de la gerbe de 34 0/0, équi-
» vaudrait à un produit en blé de 203 hectolitres.
» Malgré l'autorité de ces chiffres, nous nous croyons
« fondé à admettre que ce produit est un *maximum*
» de concours qu'on atteindra rarement en pratique
» par plusieurs raisons, au premier rang desquelles
» nous plaçons l'insuffisance du personnel dans la
» plupart des exploitations pour transporter 4,782
» gerbes de 10 kilog., les passer à la machine,
» serrer au garde-pile 325 quintaux de blé, ramasser
» et mettre en meule 631 quintaux de paille. On ne

» peut donc considérer ces résultats que comme des
» résultats purement théoriques.

» Ces observations, que nous croyons devoir faire
» dans l'intérêt des agriculteurs, et qui sont com-
» munes à toutes les machines à grands produits,
» battant à la vapeur, ne nuisent en rien au mérite
» des appareils exposés par M. Lotz aîné.

» Le modèle n° 2 de ce constructeur coûte 3,500
» francs ; il peut battre, toujours d'après lui, de
» 80 à 200 hectolitres par jour en consommant 2 à 3
» hectolitres de charbon et 1,000 litres d'eau ; son
» poids est de 2,100 kilog.

» Ces deux modèles, par suite de la combinai-
» son de la chaudière et de la batteuse sur le même
» train, excluent la possibilité de leur application à
» tout autre usage qu'à celui du battage des grains.
» Aussi M. Lotz a-t-il un autre spécimen servant
» spécialement de moteur, et ayant, par consé-
» quent, la chaudière, le cylindre et le volant,
» montés sur une même charpente en fer supportée
» par deux roues. Quand on veut faire fonctionner
» cette machine, on enlève les brancards et l'on as-
» sure la stabilité du batis par 4 pieds droits que
» l'on y fixe au moyen de boulons.

» Enfin ce constructeur, qui a dû avoir ses motifs
» pour varier ainsi ses systèmes, en a un troisième
» comprenant quatre numéros de forces différentes.
» Ici, la batteuse a son batis particulier, le cylindre
» moteur et le volant lui sont adhérents. Mais la
» chaudière, montée sur deux roues, sans aucune
» charpente en fer ou en bois, peut être réunie à la
» batteuse, ou en être séparée d'environ 5 mètres.
» Dans ce cas, la vapeur est conduite au cylindre
» par un tube enveloppé lui-même par un autre tube

» servant à l'échappement de la vapeur. Cette dispo-
» sition, qui a eu pour but d'éviter la perte du calo-
» rique par rayonnement, satisfait aussi à cette con-
» dition de pouvoir battre à couvert, quand les cir-
» constances locales le permettent.

» L'application de cette chaudière est donc toute
» spéciale et ne saurait convenir que là où il y a
» déjà une machine à vapeur fixe, ou une machine
» quelconque avec son cylindre adhérent, telles que
» celles, pour battre le blé, construites par MM.
» Lotz aîné et Renaud et Lotz; comme aussi celles de
» la société de Haine-Saint-Pierre (Belgique), dispo-
» sées de la même manière, mais infiniment plus
» lourdes, volumineuses et compliquées. Malgré
» cela, cette chaudière portative peut être très utile
» dans bien des cas.

» En somme, M. Lotz aîné a cherché à résoudre
» toutes les difficultés que présente le battage par
» les machines à vapeur rendues locomobiles. Et, en
» cela, on doit reconnaître, quoiqu'il ne soit pas
» l'inventeur de ces appareils de battage, qui ont
» été tout d'abord construits dans le Jura et dans le
» Doubs, qu'il a bien mérité de l'industrie et de l'a-
» griculture. Les perfectionnements qu'il y a apportés
» sont d'ailleurs de toute évidence, et ajoutent à
» l'intérêt qu'inspirent ses louables efforts.

» Les locomobiles à vapeur et les batteuses de
» MM. Renaud et Lotz sont établies sur le même
» principe que celles de M. Lotz aîné ; et si elles en
» diffèrent dans l'exécution, les changements qui
» ont été introduits sont tous à leur avantage. Ces
» constructeurs, depuis 1849 jusqu'à la fin des six
» premiers mois de 1855, avaient livré à l'agri-
» culture 250 locomobiles à vapeur. Ce chiffre est

» considérable sans doute ; mais qu'est-il en comparaison de ce qu'il serait, si les avantages résultant du battage par la vapeur, plutôt que par les chevaux et les manéges, étaient généralement reconnus incontestables ? Ces chiffres seraient bien peu de chose ; car, en supposant, en effet, que chaque locomobile à vapeur pût battre, en moyenne, dans une campagne, 3,000 hectolitres de blé, il faudrait 25,000 locomobiles pour battre les 75,000,000 d'hectolitres récoltés en France dans une année ordinaire. Et, en supposant qu'on vendît dans un an les 250 machines qui n'ont été placées qu'en six ans, il faudrait encore un siècle avant que tout le blé récolté dans l'Empire français fût battu par les locomobiles à vapeur. Il faudrait bien plus si l'on y comprenait les autres céréales.

» Une bonne locomobile à vapeur et sa batteuse ont été exécutées à Toulouse dans un de nos principaux ateliers de construction, et effectuent chaque année, dans les environs, le battage des grains. Il est à regretter, pour l'industrie de notre ville, que l'une et l'autre ne se soient pas fait connaître au grand concours de 1855.

» Espérons, si l'usage de ces moteurs se répand, que le travail de nos ateliers aura sa part dans la fabrication générale. La construction d'une locomobile n'est pas au-dessus des forces de nos mécaniciens. Arrivant les derniers, ils profiteront des perfectionnements récents, des conditions les plus importantes du succès de ce récepteur : tels que le développement considérable donné à la surface de chauffe, le placement du cylindre moteur à l'intérieur, afin d'arriver à la plus grande économie possible de combustible.

» Les chaudières à retour de flamme leur offriront
» un moyen de nettoiement facile qui manque, il
» faut bien le dire, dans la plupart des locomobiles.
» en même temps qu'elles diminueront beaucoup les
» craintes d'incendie, par suite du long trajet par-
» couru par les produits de la combustion avant d'ar-
» river dans la cheminée. Enfin, en prenant, comme
» M. Rouffet, la vapeur dans un réservoir spécial.
» avec un tuyau terminé en pomme d'arrosoir, ils
» éviteront, au profit de la force utile, les entraî-
» nements d'eau dans le cylindre. En passant en
» revue les diverses locomobiles exposées, nous leur
» avons signalé les distributions de vapeur les plus
» simples, les détentes les mieux appropriées à ce
» genre de moteur. Nous sommes certains que leur
» habileté et leur expérience suppléeront facile-
» ment à ce qu'il ne nous est pas possible d'expli-
» quer ici. »

Voilà ce que nous disions des locomobiles à vapeur dans notre rapport sur l'Exposition Universelle Française. Nous sommes heureux d'ajouter que notre opinion s'est trouvée en parfaite harmonie avec celle du jury de la quatrième classe.

XXXVI.

A la vue de ces étonnantes machines, transportant dans leurs flancs une énorme puissance, toujours prête à servir aux besoins multipliés de l'industrie, un enthousiasme bien naturel s'est tout d'abord emparé des esprits, et l'on a cru que la vapeur, rendue locomobile, allait pouvoir, avec une économie considérable, remplacer chez nous, comme en Angleterre, l'homme et les animaux dans la plupart des travaux de ferme, et principalement pour le battage des grains.

Un peu de réflexion a démontré que c'était une erreur. En effet, ces machines nous coûtent un cinquième de plus qu'aux Anglais, le charbon cinq fois plus cher.

Dans notre pays, le morcellement de la propriété, et un système de culture tout différent, ne nous font pas d'ailleurs, comme chez nos voisins, où la propriété du sol est concentrée en quelques mains, une obligation d'avoir sur nos exploitations une force considérable toujours disponible.

Les grandes fermes de l'Angleterre sont de véritables usines où nous avons vu fonctionner, au moyen d'une locomobile à vapeur, les hache-pailles, les coupe-racines, les concasseurs de tourteaux et de grains, les broyeurs de chaux, de plâtre, les pressoirs, les tarares; elles teillent le lin et le chanvre, font de la farine, battent les grains, malaxent les fumiers, et enfin font mouvoir les pompes qui puisent et élèvent les engrais liquides qu'on doit répandre dans les champs.

Nos exploitations les plus considérables, malgré les grands progrès qu'a faits l'agriculture dans notre pays, sont bien loin de ressembler à celles que l'agriculture anglaise nous offre pour modèles; nos habitudes agricoles, notre climat, notre sol si varié n'exigent pas un matériel aussi complet.

Il y a donc lieu de croire qu'il se passera bien du temps avant que sur le continent la vapeur se substitue d'une manière générale aux chevaux ou aux bœufs comme moteur d'intérieur sur nos exploitations.

Ces considérations ont ramené le public à une appréciation plus vraie des circonstances dans lesquelles l'utilité des locomobiles à vapeur est incontestable. Pour les travaux industriels qui réclament l'emploi d'une force temporaire de 3 à 15 chevaux, cette utilité est de toute évidence, et une machine à vapeur locomobile peut rendre des services que l'on demanderait en vain à tout autre moteur. C'est là un fait que personne ne nie et qui ouvre un avenir assez vaste à cette ingénieuse conception de l'industrie, pour qu'on ne lui demande pas encore autre chose chez nous. Une locomobile sur nos exploitations serait une cause de dépense énorme, dépense que peuvent bien se permettre les agriculteurs très riches; mais non ceux qui ont à peine, et c'est le plus grand nombre, les fonds de roulement nécessaires à la réalisation d'améliorations autrement importantes.

XXXVII.

Mais on a dit : la machine à vapeur locomobile sera toujours le moteur par excellence de l'entrepreneur de battage. Cela peut être vrai au point de vue de la spéculation, mais cela l'est moins au point de vue de l'agriculteur.

Expliquons notre pensée, car il s'agit d'une question qui intéresse au plus haut degré les deux industries, et notre seul but est de les éclairer. Au prix même de leurs illusions les plus chères, nous devons dire toute la vérité, certain que nous sommes de servir mieux ainsi la cause du véritable progrès.

Et d'abord une locomobile et sa batteuse ne peuvent pas arriver sur toutes les exploitations, à cause du mauvais état de la plupart de nos chemins vicinaux ou communaux. Dans les coteaux un peu raides il n'est guère possible, sans de forts attelages, de transporter des masses du poids de 50 à 70 quintaux. Il a fallu 14 paires de bœufs, nous a-t-on dit, pour arracher une locomobile et sa batteuse des chemins boueux de la commune de Montgiscard et les amener sur la route impériale. Les voies vicinales dont l'entretien est à la charge des communes rurales, presque toujours pleines d'ornières, causent des cahots très préjudiciables aux chaudières tubulaires des locomobiles qui peuvent les parcourir. Mais tout cela n'intéresse jusqu'ici que l'entrepreneur de battage, à moins que le locataire ne soit obligé de fournir les bêtes de trait qui doivent lui amener les appareils ou transporter à la métairie de 20 à 25 quintaux de charbon pour chaque 500 hectolitres de blé à battre, cas qui doit être pris en considération sous le rapport de la dépense. Si la machine louée arrive, il est démontré qu'elle n'arrive pas toujours à jour fixe; c'est impossible. La pluie, le temps que l'on mettra à battre d'autres récoltes, les accidents ne peuvent se supputer *à priori*. Le propriétaire ne connaît donc pas au juste le jour où il pourra égréner sa récolte, ce qui est pour lui un inconvénient dans le cas où il voudrait profiter d'une hausse momentanée pour vendre une partie de son grain.

Il est rare encore que le moteur dont s'agit puisse battre à couvert, à moins qu'on n'ait de vastes bâtiments à toiture très élevée, pour n'avoir rien à craindre des étincelles que les jets de vapeur dans la cheminée à chaque coup de piston peuvent porter à une assez grande hauteur. Il faut donc s'installer dehors, profiter du beau temps comme le vulgaire rouleau, et protéger par une toile goudronnée le repos des deux machines quand il pleut.

Enfin, si le temps est beau, le travail peut être commencé. Mais il a fallu avant, si l'on n'a pas à sa portée un puits très abondant, atteler ses bœufs ou ses chevaux, charger des barriques pour aller quelquefois au loin chercher l'eau nécessaire à l'alimentation de la chaudière. Or, il faut par jour au moins 5 barriques d'eau de 300 litres pour une machine de 4 chevaux, 6 pour celles de 5 chevaux, 7 1/3 pour 6 chevaux, 8 1/2 pour 7 chevaux, 10 pour 8 chevaux, 12 barriques 1/2 ou 3,750 litres pour 10 chevaux.

En supposant qu'on trouve partout cette quantité d'eau limpide dans l'été ; remplir ces tonneaux, les charger, les transporter est un travail plus grand qu'on ne pense et qui peut prendre, dans certains cas, toute la journée d'une ou de deux paires de bœufs, et de deux ou trois hommes. L'inspection de l'intérieur de plusieurs chaudières de locomobiles, dont les parois et les tubes se trouvaient recouverts après quinze jours de marche de plus d'un centimètre de vase, nous ont prouvé que l'on ne rencontrait pas toujours de l'eau claire à la campagne, et qu'il fallait se contenter de celle qu'on pouvait trouver dans les mares ou les abreuvoirs; bien heureux d'en avoir en quantité suffisante. Nous ne parlons que pour mémoire des balles, des débris de paille, que la pompe alimentaire puise dans le récipient où l'on verse l'eau; ceci est encore l'affaire de l'entrepreneur, qui en sera quitte pour nettoyer sa chaudière, si cela lui est possible; car, dans ces admirables machines, on a oublié de placer un *trou-d'homme*, à la partie inférieure, pour pouvoir effectuer au moins un nettoiement partiel. On a bien mis un robinet afin de vider la chaudière ; mais le trou en question, à l'obturateur duquel pouvait très bien s'adapter ce robinet, manque. Les incrustations ou les dépôts seront donc enlevés tant bien que mal par l'ouverture latérale placée au-dessus du fourneau.

Nous avons le beau temps, nous avons l'eau, la vapeur fait entendre ses sifflements, on va commencer. Pas encore ; un arbre casse, une tringle se fausse à la locomobile ou à la batteuse, un tube est brûlé par un coup de feu, une courroie est décousue ou mal cousue, elle tombe ; mais ces derniers sont les petits accidents. Le plus grave est le bris d'une pièce importante, qui oblige à remettre l'opération on ne sait quand. Ce retard, on le comprend, frappe ici également les deux intérêts engagés. Qu'on ne croie pas à une exagération de notre part, nous pourrions citer à ce sujet de nombreux déboires dont nous avons été les témoins.

Un autre inconvénient non moins fâcheux pour les propriétaires ou fermiers peut encore résulter pour eux du battage à l'entreprise. Il est la conséquence de l'opposition de deux intérêts. Le matériel du battage est ordinairement loué, en effet, avec le mécanicien chargé de chauffer la machine et de tous les soins spéciaux qu'exige l'opération de l'égrénage : quel est l'intérêt de l'entrepreneur ? de battre le plus possible de gerbes dans le plus court délai. Quel est l'intérêt de l'agriculteur ? de ne pas laisser du grain dans la paille. Or, ces deux résultats s'excluant, il peut advenir que ce mode de battage coûte fort cher, si pour aller plus vite on a *engréné* trop épais et laissé du blé dans les épis. On peut contester à ce sujet ; mais on ne détruira pas ce fait : que le travail d'une batteuse à vapeur fait dehors n'ait lieu presque toujours un peu à la hâte par suite de la brièveté du temps utile que laissent les jours de pluie, les voyages et les réparations. De là nécessité de se presser pour réaliser quelques bénéfices, danger aussi de perdre beaucoup de blé.

Il faut bien, au reste, qu'il en soit ainsi pour que des hommes dont l'opinion fait loi en agriculture se soient cru autorisés à refuser, à certaines batteuses à vapeur, un rendement supérieur à celui du rouleau, en attribuant, au contraire, cette supériorité de rendement à de simples batteuses à manége de notre localité.

Pour nous, qui poursuivons le même but, la réhabilitation, chez nous, des batteuses à manége, parce que nous les jugeons devoir être, pendant bien longtemps encore, le moyen de battage par excellence pour nos agriculteurs, nous pousserons jusqu'au bout la comparaison entre ces dernières et celles mues par les locomobiles.

XXXVIII.

Une locomobile à vapeur de la force de 4 chevaux, coûtant, rendue chez l'acquéreur, environ 5,000 fr., doit, pour qu'il n'y ait pas perte pour son propriétaire, être remboursée en cinq ans.

L'intérêt à 5 0/0 et l'amortissement de cette somme en cinq ans est donc par année de 1,130 fr.

Supposons maintenant, ce qui est beaucoup, que cette machine puisse battre pendant 40 jours, et nous

avons par jour pour intérêt et amortissement.	28 fr.
La dépense en combustible est de 200 kil. de charbon à 5 fr.	10
Chauffeur et mécanicien, huile et graisse.	5
Total. . .	43 fr.

Avec cette force de 4 chevaux, on peut battre et nettoyer en 10 heures de 45 à 55 hectolitres de blé; mettons 50 en moyenne, cela fait dans les 40 jours 2,000 hectolitres qui nous coûtent 1,720 fr. ou 0 fr. 80 par hectolitre pour le moteur seulement.

Ajoutons que ce prix est uniquement pour le cas où la machine appartient au fermier ou propriétaire, et est exclusivement à son usage pour le battage d'une récolte de 2,000 hectolitres. Mais si le battage se fait à l'entreprise, comme l'entrepreneur ne peut se contenter de rentrer purement et simplement dans ses déboursés qu'augmentent, d'ailleurs, annuellement, les réparations, l'entretien, et qu'il doit faire un bénéfice, il doit compter autrement. Ce n'est pas trop dire en avançant que pour exercer avec fruit cette industrie, il faut être remboursé en 5 ans au moins de la moitié en sus du prix d'acquisition : ce qui porterait à 57 fr. par journée de 10 heures, l'intérêt, l'amortissement, le bénéfice, le charbon et la surveillance du mécanicien pour battre 50 hectolitres. Les frais du battage de chaque hectolitre, pour le moteur seulement, s'élèveraient ainsi à 1 fr. 14.

Avec des machines locomobiles de 6, 7, 8 ou 10 chevaux, ces chiffres peuvent varier un peu en faveur du bon marché, mais dans une très faible limite; car un excès de force, en ce qui concerne le battage des grains, est la plupart du temps inutile quand il n'est pas absorbé par des frottements trop multipliés ou vicieux.

Il est évident, au surplus, que nous n'entendons parler ici que des machines qui sont exclusivement employées au battage des grains. Quant à celles qui sont louées ou employées pendant toute l'année pour d'autres travaux, l'intérêt et l'amortissement doivent figurer pour un chiffre bien moindre dans le prix de revient. Nous ferons observer, néanmoins, que dans ce cas ces machines s'usent plus vite, donnent lieu à de plus fréquentes réparations, surtout quand les déplacements sont souvent réitérés, et que, dès-lors, si l'on ne veut pas faire une spéculation improductive, il faut compter ainsi que nous l'avons fait.

On sait que les machines qui battent au prix le plus bas dans nos contrées ne font pas au-dessous de 60 c. par hectolitre, charbon, nourriture du mécanicien et main d'œuvre non compris. Elles égrénent environ 60 hectolitres par jour, ce qui fait 36 fr. et 52 fr. en ajoutant la valeur du charbon, la journée du mécanicien et la graisse; d'où il suit que le battage d'un hectolitre revient dans ce cas à 80 c. environ pour la force motrice seulement. Mais ces machines, qui sans doute ne nettoient pas le grain, font payer cette opération à part, 15 c.; soit, en tout, 1 fr. 02 c. par hectolitre, ou 12 c. de moins que ce que nous avons trouvé. Différence qui peut s'expliquer par les raisons que nous avons données et par la supposition d'appareils d'un prix moins élevé.

XXXIX.

Voyons, à présent, combien nous coûterait le moteur pour battre 2,000 hectolitres, avec un manége portatif construit pour 2 chevaux, égrénant sans nettoyer 31 hectolitres par journée de 10 heures, ainsi que nous l'avons fait. Il faudrait 65 jours.

On a donc :

65 journées de 4 chevaux ou 260 journées à 2 fr. 10 c.	546 fr.	»»
Intérêt et amortissement du prix d'achat du manége, qui est de 600 fr. à 20 0/0.	120	»»
Intérêt et amortissement de la valeur des chevaux à 10 0/0.	50	»»
Soins à donner à ces derniers pendant 65 jours, 1 homme à 1 fr. 75 c.	113	75
Total. . .	829 fr.	75

Notre moteur nous coûterait donc environ 42 c. pour le battage d'un hectolitre et 57 c. en supposant 15 c. pour les frais de nettoyage.

Il résulte de ce rapprochement qu'un propriétaire ou fermier qui récolterait 2,000 hectolitres de grains bénéficierait de 1,211 fr. en se servant d'un manége, au lieu d'une locomobile à vapeur pour faire mouvoir sa batteuse.

Ce travail se faisant au temps et à l'heure de l'agriculteur, s'il est à couvert, il peut épuiser complétement ses gerbes de tout le grain qu'elles contiennent et réaliser un bénéfice bien supérieur à celui que nous avons fait ressortir plus haut.

Si on nous objectait que nous avons mis plus de temps que la vapeur pour battre nos 2,000 hectolitres, nous renverrions à ce que nous avons déjà dit à ce sujet dans la première partie de cet ouvrage, et nous ajouterions que les 40 jours de travail effectif d'une batteuse à vapeur fonctionnant dehors, supposent, en y comprenant les jours de pluie, le temps perdu en déplacements ou en réparations, au moins 60 jours; que dès-lors nous avons achevé à très peu près en même temps.

Nous trouvons la preuve de cette assertion dans un rapport fait en 1854, à la Société centrale d'Agriculture de la Seine-Inférieure, par M. Brunier, au nom d'une commission spéciale. Il résulte d'une expérience faite par cette commission que, pour battre avec une locomobile de la force de 4 chevaux et sa machine à égréner, 25,700 gerbes fauchées de 8 kil., il a fallu 16 jours de travail en allant d'une ferme à l'autre. Or, 25,700 gerbes de 8 kil. représentent 205,600 kil. Supposant le poids du grain de 34 0/0, on a 69,904 kil., qui, divisés par 75 kil. poids moyen d'un hectolitre, donnent 932 hectolitres ou 58 hectolitres 1/2 par jour. En conséquence, pour battre 2,000 hectolitres, il eût fallu 35 jours environ. Nous avons dit que 40 jours de travail effectif étaient nécessaires, nous étions donc bien près de la vérité.

Mais ces 35 ou 40 jours ne représentent que le travail possible à découvert; nous n'exagérons rien non plus en ajoutant à ce chiffre 25 à 30 jours pour le temps perdu en déplacements, installations ou à cause des jours de pluie. La durée du battage que nous avons fixée à 65 jours dans l'un et l'autre cas pour 2,000 hectolitres, se trouve ainsi être exacte et confirmée par les faits de la pratique.

Nous aurions égréné ces 2,000 hectolitres, qu'on ne l'oublie pas, avec un faible personnel en ne dépensant pour tous frais que 90 c. par hectolitre, tandis que le battage fait avec la machine à vapeur dont s'agit a coûté 1 fr. 30 au moins; nous disons au moins, car les éléments d'appréciation fournis à cet égard dans le seul intérêt de l'entrepreneur de battage sont très incomplets en ce qui concerne le prix de revient pour le fermier. Tous les faits que nous avons avancés au sujet de cette opération tout aussi rapidement faite avec les batteuses à manége qu'avec les batteuses à vapeur, se trouvent justifiés par cet exemple.

Il n'y a pas un seul agriculteur qui ne comprenne ce qu'il gagnera en faisant construire, s'il ne l'a déjà, un petit bâtiment de quelques mètres carrés pour abriter batteuse et manége. Ses déboursés, bientôt couverts, lui créeront une source de revenus qu'il n'avait pas, et chaque année il verra réagir de la manière la plus avantageuse, sur ses travaux d'août, septembre et octobre, l'influence de ce système de battage.

Sur soixante-six machines à battre exposées en 1855 au grand Palais de l'Industrie, cinquante-cinq étaient à manége, onze seulement étaient destinées à marcher avec la vapeur, et encore l'industrie étrangère avait-elle fait une grande partie des frais de ces dernières. Voilà des chiffres significatifs. Ceux que nous présentons et ceux que nous produirons bientôt ne sauraient que leur prêter une nouvelle force.

Avec un manége à trois ou quatre chevaux, ce qui veut dire six ou huit, on peut sans crainte attaquer et battre, en soixante jours, des récoltes de 3 à 4,000 hectolitres, et ne pas dépenser, pour le moteur, plus de 60 à 65 centimes par hectolitre. Pour des récoltes plus importantes, les machines à vapeur l'emportent, surtout les machines *fixes* qui ne font pas, comme les locomobiles, payer bien cher les avantages que l'ont peut retirer de la faculté de déplacement qu'elles présentent.

Mais, qu'on ne se le dissimule pas, quand une machine à vapeur entre dans une exploitation, il faut que l'intelligence industrielle y entre avec elle, c'est-à-dire un homme qui la comprenne, la surveille, la nettoie, la dirige. Ce qui est un jeu dans un atelier d'industrie, devient un problème à la campagne. Cette spécialité est donc indispensable, et celui qui la possède la fait payer un bon prix, c'est de toute justice. Il faut donc compter qu'il en coûtera toujours davantage de se servir de la vapeur que du rustique manége, si l'on n'a à effectuer que l'opération du battage des grains. Il y aura, au contraire, une économie considérable à employer ce moteur, si l'on a des locaux convenables, et que l'on utilise, toute l'année, plus de six heures par jour, une force supérieure à celle de deux à quatre chevaux attelés pour faire mouvoir soit un moulin à farine, soit des hache-paille, concasseurs, broyeurs ou autres instruments, servant à l'exploitation de l'industrie agricole.

Le jour étant encore éloigné où l'industrie et l'agriculture uniront chez nous leurs efforts pour augmenter la production, continuons de nous occuper de ce qui peut, pour le moment, lui être le plus profitable, et terminons ce que nous avions à dire sur le meilleur moteur de nos exploitations dans les conditions actuelles de notre agriculture.

XL.

La première question qui se présente est celle-ci : Quel est le meilleur manége ? Avant de répondre à cette question et d'examiner les systèmes les plus renommés, posons d'abord en principe : qu'un manége, qu'il soit fixe ou locomobile, ne doit absorber comme tous les autres récepteurs connus de la force du moteur, qui est ici le cheval ou le bœuf, que celle strictement nécessaire pour surmonter les résistances dues aux divers frottements inséparables des mouvements qui sont produits dans les machines. L'effort des animaux a plus que tous les autres une limite qu'on ne saurait franchir sans les fatiguer beaucoup, sans les arrêter même, et rendre ainsi leur emploi impossible. Ne prendre de cet effort constant que juste ce qui est nécessaire à la meilleure transmission du mouvement qu'il imprime, après avoir satisfait, sans les exagérer, aux conditions de solidité et de stabilité des organes, est donc le but vers lequel doivent tendre tous les efforts des mécaniciens. C'est ce qui n'a pas toujours été observé ; c'est aussi, disons-le, ce qui a bien souvent discrédité les manéges.

Une autre cause de mauvaise réussite de ces appareils si utiles a été aussi quelquefois l'illusion que l'on se fait sur la véritable force des chevaux qu'on y attèle. On ne s'est pas bien pénétré de cette vérité, qu'alors que le cheval conventionnel, dit cheval-vapeur, peut, par un moyen quelconque, élever un poids de 75 kilogrammes à 1 mètre dans une seconde, le cheval animé dans un travail soutenu six à huit heures, ne peut guère élever plus de 37 à 40 kilog. à la même hauteur, dans le même temps. Or, comme une partie de cette puissance dont il est capable doit être absorbée en chemin par les agents qui la transmettent, il peut arriver que la force utile disponible en soit grandement diminuée. Si ces agents sont nombreux, compliqués ou mal faits, elle peut l'être du cinquième au tiers. Il resterait donc pour le travail utile des 4/5es aux 2/3 de la force du cheval, avec les récepteurs réputés les meilleurs, c'est-à-dire de 25 à 30 kilog. par cheval, et bien moins avec les manéges vicieux.

On comprend combien cette faible limite impose d'attention, et quel intérêt on peut avoir à déterminer à l'avance la force dont on a besoin, et à éliminer ensuite de la transmission tout ce qui peut la surcharger au grand détriment du travail utile.

Ainsi les axes horizontaux trop lourds, les emmanchements qui produisent des frottements vicieux et des mouvements saccadés doivent être proscrits des manéges. Le poids des pièces surtout joue un grand rôle dans l'absorption inutile de la force; aussi ne saurait-on assez mettre de soin à ne jamais dépasser celui que commande une suffisante solidité. Les poulies pouvant être toujours plus légères que les engrenages, il y aura souvent avantage à les susbtituer à ces derniers pour les grandes vitesses.

La longueur des bras du manége exerce encore une trop grande influence sur la douceur des mouvements pour qu'on néglige de s'y arrêter. Que de manéges ont échoué pour avoir eu leur levier d'attelage trop court!

Sans doute, la meule de l'amidonnier, du presseur d'huile, un puits à roue, etc., ont des bras dont la longueur n'est comprise, le plus souvent, qu'entre 1m 20 et 2m; et cependant les chevaux, s'ils ne sont pas trop grands, ne paraissent pas fatigués de traîner leur charge, en marchant sur une circonférence d'un si faible rayon. Mais il faut observer d'abord qu'on n'attèle d'ordinaire qu'un seul cheval, et qu'un cheval attelé seul fatigue moins que lorsqu'il est attelé à deux. Il fatigue moins aussi à deux qu'à trois, à trois qu'à quatre. C'est ce qu'ont parfaitement démontré les expériences faites à Lyon, expériences qui établissent que quand un cheval, attelé seul à une charrette, peut transporter 1,500 kilog. de marchandises, deux chevaux n'en transportent que 2,300 kil, trois chevaux 3,100 kil., et quatre chevaux 4,000 kil. Si donc dans la marche rectiligne il faut tenir compte de l'avantage que procure l'attelage à un ou deux chevaux, à plus forte raison doit-on y avoir égard quand ceux-ci décrivent un cercle.

En second lieu, le cheval dans les manéges tout-à-fait primitifs dont nous venons de parler, applique sa force directement (et sauf la *noria*), sans l'intermédiaire d'engrenages. Dans les manéges employés à la mise en jeu des machines, les vitesses à imprimer aux divers agents de la transmission et à la machine elle-même, exigent des engrenages ou des poulies en assez grand nombre. Or, la théorie aussi-bien que la pratique prescrivent, pour ces derniers, des dimensions au-dessous desquelles on ne pourrait descendre sans danger de rupture, ou qu'on ne pourrait dépasser qu'en augmentant le poids et par suite la résistance. Cette complication nécessaire et ces lois obligent donc à ne pas disproportionner la longueur du levier, ni en moins, ni en plus, aux dimensions des mobiles avec lesquels il est en relation; en observant, toutefois, qu'il y aura presque toujours un certain avantage à pécher plutôt par excès que par défaut de longueur dans la détermination des bras. Si des circonstances particulières et impérieuses obligeaient d'agir autrement, qu'on n'oublie pas qu'on perdra toujours un peu de force en subissant cette nécessité.

Généralement un levier de 3 mètres a été reconnu comme une longueur suffisante. Mais nous ferons observer que l'on se trompe bien souvent dans la manière dont on mesure cette longueur. Ainsi, les uns la prennent depuis le centre du manége jusqu'au flanc extérieur du cheval, tandis que les autres la portent jusqu'à une ligne qui partagerait longitudinalement le cheval en deux parties égales. Cette longueur, à notre avis, n'est pas suffisante, et nous pensons que le cheval doit être au moins entièrement en-dehors de la ligne circulaire décrite par un rayon de trois mètres.

Au reste, pour donner une idée des fâcheuses conséquences auxquelles peut donner lieu une erreur dans ce cas, nous citerons un fait récent : appelé à donner notre avis dans une contestation, dont un manége fixe à deux chevaux était l'objet, il ne nous fut pas difficile de constater et de faire comprendre que, si au lieu de donner, comme on l'avait fait, au rayon, 2^{m} 40 de longueur, depuis le centre du manége jusqu'au milieu du cheval, on avait donné 3 mètres depuis ce même centre, jusqu'à la ligne sur laquelle se meuvent alternativement les deux pieds intérieurs de ce dernier; les deux chevaux qu'on employait eussent pu, sans augmenter la vitesse de la transmission, vaincre facilement la résistance due à la marche de l'usine, tandis qu'ils avaient évidemment trop à faire, et c'est ce dont on se plaignait.

Quelle était, en effet, la conséquence de cette disposition ? C'est que les chevaux, au lieu de marcher à leur allure normale de 0^{m} 90 à 1^{m} par seconde, n'allaient plus qu'à 0^{m} 60 ou 0^{m} 70 ; que leur effort était, par conséquent, un coup de collier presque continuel. Cela joint à ce que la marche est d'autant plus pivotante pour les chevaux, que le cercle qu'ils décrivent est d'un plus petit diamètre, il en résultait que ceux-ci fatiguaient davantage ; en même temps, les diverses machines n'allaient pas à la vitesse voulue.

Un levier d'attelage plus long eût rétabli les conditions normales, ou du moins si l'on avait perdu quelque chose, c'eût été un peu de vitesse, mais les chevaux eussent pu faire leur travail. Malheureusement il n'y avait pas de remède, le local construit à neuf avec trois étages au-dessus, emboitait juste le manége dans ses dimensions trop exiguës.

C'est cette circonstance et celles très nombreuses où nous avons eu à faire les mêmes constatations, qui nous font attacher une importance de premier ordre à la détermination du rayon d'un manége, lequel a plus d'un trait de ressemblance avec le rayon d'une roue hydraulique, sujet lui-même à bien des erreurs chèrement payées.

Quelques constructeurs paraissent se préoccuper beaucoup de l'influence du mode d'attelage sur l'effet utile d'un manége. Cette influence est grande, sans doute, et comme chacun a celui qu'il préfère et qu'il prône, tâchons d'éclairer cette question, s'il est possible.

Le plus souvent on attèle le cheval au manége de deux manières : dans le premier cas, l'animal est emboîté dans un brancard pendant, soit fixe, soit pivotant à l'extrémité et au-dessous du levier d'attelage. Dans le second cas, il n'y a pas de brancards, le levier est placé derrière le cheval, et tiré par son extrémité, au moyen de traits et d'un palonnier.

On a dit, en faveur du premier mode d'attelage, que les chevaux se trouvant guidés par les deux côtés du brancard, sont toujours dans la véritable ligne du tirage ; que dans le cas où la tête leur tournerait, ils risquent moins de tomber ; que les chevaux jeunes ou qui n'ont jamais tiré circulairement, s'habituent plus vite ; qu'enfin le tirage a lieu par la *tangente* et non par la *corde*.

Disons qu'aucun de ces avantages ne se trouve complétement justifié par les faits, et que les inconvénients sont, au contraire, plus positifs.

Et d'abord : un cheval emboîté dans un brancard n'a pas, comme celui qui tire au palonnier, la liberté de tous ses mouvements ; il doit subir et subit, en effet, toutes les oscillations du brancard, aussi-bien celles dues à l'irrégularité de ses propres mouvements, que celles qui résultent de la vivacité ou de l'inaction de son compagnon d'attelage. On sait enfin que le limonier dans les attelages en flèche, doit être le cheval le plus vigoureux.

L'inconvénient du vertige causé par la marche circulaire n'a, pour nous, aucune importance. Un cheval qui exceptionnellement ressentirait assez les effets de ce genre de tirage pour tomber, tomberait tout aussi-bien au brancard qu'au palonnier, et dans ce cas très rare, les inconvénients seraient les mêmes dans les deux systèmes.

Quant à l'avantage tiré de ce que les chevaux neufs s'habituent mieux au brancard qn'au palonnier, l'expérience a démontré que des chevaux rétifs, qui ne tiraient pas dans le premier cas, se décidaient à marcher dans le second, et que d'ailleurs leur recul n'avait pas les mêmes inconvénients.

Mais tout ce qui précède a peu d'importance ; ce qui en a une plus grande, c'est ce qui a trait à la direction du tirage, dont l'une avec le brancard aurait lieu dans le sens de la *tangente*, et celle avec le palonnier dans le sens de la *corde*.

Si cela était vrai, il y aurait lieu d'en conclure avec certitude que le premier mode d'attelage serait bien plus favorable que le second à la réalisation du *maximum* d'effet utile de la force de l'animal attelé, et que dès-lors il devrait être préféré. Mais ce qui serait vrai dans le cas où un cheval tirerait, suivant une ligne droite, une corde se déroulant de dessus un cylindre, ne l'est plus dans le cas d'un manége, où les choses se passent tout autrement. Ici la ligne du tirage étant circulaire, le cheval doit pousser ou tirer le levier dans le sens de la ligne du circuit qu'il parcourt. Cette circonstance exclut complétement l'idée d'une action tangentielle, donnant pour résultat un mouvement continu; car alors il faudrait admettre que le cheval décrirait autour du cercle primitif un polygone régulier; et, dans ce cas les côtés de ce polygone étant des *tangentes* pour un cercle plus petit et des *cordes* pour un cercle plus grand, on pourrait conclure de cette supposition à un égal avantage pour les deux modes d'attelage, si l'on proportionnait convenablement la longueur des leviers.

Sans qu'il soit besoin d'en demander la preuve à une démonstration qui serait déplacée ici, disons que le tirage fait de cette façon serait le plus irrégulier, le plus pénible de tous pour le cheval. L'instinct de ce dernier le sert et résout bien mieux le problème que des théories trop légèrement hasardées. Qu'il soit attelé au brancard, au palonnier ou de manière à pousser devant lui le levier, le cheval se place et produit toujours son effort sur une ligne qui n'est autre qu'une *développante* du cercle qu'il décrit, et cela par la raison qu'il pousse ou tire sans cesse, principalement avec le palonnier, sur un point se mouvant invariablement dans une direction constamment circulaire. Une légère obliquité dans la marche de l'animal, marche qui lui devient bientôt facile si le cercle n'est pas trop petit, le ramène sans fatigue sur la ligne dans le sens de laquelle s'exerce le mieux son effort, et cela instinctivement, sans qu'il soit nécessaire de l'y dresser.

Il n'est guère possible d'admettre que les choses puissent se passer autrement que nous venons de le dire, quand on tient compte, dans l'un et l'autre cas, de toutes les circonstances saisissables des divers mouvements auxquels se livre le cheval attelé au manége pour se former à la marche et au tirage circulaires qui ne sont pas dans ses habitudes.

Pour nous, qui avons observé l'influence des deux modes d'attelage sur les chevaux dans un grand nombre de ces appareils, nous n'hésitons pas à donner la préférence au palonnier. Le cheval marche plus librement, son allure est plus régulière, il fatigue moins parce qu'il n'est pas solidaire des faux mouvements de son voisin. Il y a, d'ailleurs, dans les manéges à brancards pendants, une partie de l'effort des animaux qui est employé à tordre le levier d'attelage par suite de l'attache des traits à leur extrémité; d'où des réactions nuisibles à la régularité des mouvements si ce levier est de dimensions trop faibles, et de la lourdeur, si elles sont suffisantes pour résister à l'effort de torsion. Enfin, la mobilité nécessaire dans le sens vertical des chaînes du collier, le long des tringles auxquelles elles sont accrochées, produit des glissements qui se traduisent en secousses, toujours nuisibles, quand il s'agit de l'application des forces.

Qu'on ne se préoccupe donc pas des avantages illusoires attribués à ce genre d'attelage. Il n'est utile que dans les seuls cas où des circonstances locales et des constructions de machines toutes spéciales, exigent que le cheval soit attelé sous le bras du manége. Dans toutes les autres circonstances et surtout quand il s'agira de batteuses et de manéges transportables, l'attelage avec le palonnier sera toujours celui qui devra être préféré. Seulement on donnera le plus de longueur possible aux bras; le point d'attache du palonnier sera, si on le peut, placé sous ce même bras; les traits auront tout juste la longueur suffisante pour que le cheval soit à son aise, et l'on fera celui intérieur un peu plus court que l'autre, relativement à la grandeur du cheval. De cette manière l'animal tirant sur un *seul* point, produira tout son effort utile sur ce même point, et on ne verra pas, comme dans l'attelage à brancard, ce dernier tirer quelquefois avec un *seul côté* du collier, et toujours très irrégulièrement.

XLI.

Après le manége vient la transmission du mouvement de ce dernier à la batteuse. Examinons quelle est celle qu'il convient le mieux d'adopter.

Généralement cette transmission a lieu au moyen d'arbres de couche en fer forgé plus ou moins lourds, embrayés, d'une part, à l'un des axes du manége, et de l'autre à l'axe sur lequel se trouve placée d'ordinaire une roue dentée commandant un pignon fixé sur l'arbre du tambour batteur. Pour relier ces divers axes, on emploie un système d'embrayage ou d'emmanchement connu sous le nom de *genou à la Cardan*. Il permet de n'avoir aucun égard aux différences de niveau du terrain ; il fonctionne en se disloquant également dans tous les sens.

Ce système est fort commode, sans doute, mais son emploi nuit à l'uniformité du mouvement. Les dislocations continuelles de ces embrayages produisent des secousses, des vibrations d'un très mauvais effet ; et les animaux ainsi que la machine en éprouvent un fâcheux contre-coup. Les axes, d'ailleurs, dans ce genre de transmission, sont d'ordinaire assez lourds. Leur poids et leur vitesse donnent un coefficient de frottement assez considérable pour qu'on puisse affirmer que leur mise en jeu absorbe beaucoup de force. Placés, en outre, à une certaine hauteur, quoique très faible au-dessus du sol, ils obligent les chevaux à lever les pieds pour les franchir et ils les exposent à broncher : double circonstance qui affecte encore, d'une manière très sensible, la régularité des fonctions de l'appareil, alors même qu'on aurait relevé le terrain pour arriver, au moyen d'une pente, à la hauteur nécessaire pour le passage de l'arbre.

Ce moyen de transmission était bon quand on n'avait pas autre chose ; il y a bien mieux aujourd'hui, ainsi que nous le verrons bientôt ; il doit être abandonné. Nous en dirons autant de la roue de vitesse placée sur la machine par la plupart des constructeurs, parce qu'elle est presque la conséquence de l'emploi des arbres à manchons brisés.

Le plus grave de ses inconvénients n'est pas de casser souvent, ce qui en est un cependant qui mérite qu'on s'y arrête ; mais nous voulons parler de celui qui résulte de ce que, pour vaincre au premier coup de collier, le moment d'inertie des divers organes du manége, du tambour batteur surtout dont la vitesse est quelquefois à chaque seconde de vingt tours, les chevaux sont obligés de faire un effort impossible. Ils s'élancent d'abord, ils reculent, reviennent à la charge plusieurs fois, la réaction s'amoindrit peu à peu avec la résistance, et ils réussissent, s'ils ont eu assez de patience et de force après plusieurs coups de collier, à mettre manége et machine en mouvement. On comprend que l'on est bien heureux, si ces chocs violents et répétés n'ont pas fait casser quelques pièces du mécanisme.

Des constructeurs habiles parmi ceux qui ont employé ce système, ont compris les graves inconvénients attachés à ces sortes de transmission sans glissements utiles au départ, et ils ont tâché d'y remédier. Le moyen employé consiste à fixer, sur l'un des bras de la roue de vitesse, une poignée à l'aide de laquelle, avant de faire partir les chevaux, un homme imprime à la main, à ce tambour, un mouvement d'une rapidité égale à celle qu'il doit avoir quand les chevaux marchent à leur vitesse normale de 90 centimètres à 1 mètre par seconde. De cette manière on évite en partie les réactions brutales du départ. Mais cette opération s'oublie quelquefois, ou se fait mal et c'est alors que les dents cassent. Il y a aussi les réactions dues au travail luimême qu'on ne peut pas éviter et que les animaux subissent dans toute leur intensité. Comme il arrive d'habitude qu'elles sont fréquentes, quelle que soit l'attention de celui qui alimente la batteuse, il s'ensuit que dans ces sortes de manéges les chevaux fatiguent beaucoup ; et c'est à peine si en pratique ceuxci peuvent faire des attelées de deux heures.

Dans les expériences de concours qui d'ordinaire durent quelques minutes, les batteuses mues exclusivement au moyen d'engrenages, l'emportent sur toutes les autres par la quantité et la perfection de leur travail.

Qui ne se rappelle d'avoir vu à Toulouse, sur une de nos places, une machine à manége direct et à engrenages dont les deux chevaux couverts de sueur ne voulurent plus marcher après une demi-heure d'un travail des plus pénibles. Il est vrai de dire aussi qu'on avait exigé d'eux le double de ce qu'ils pouvaient faire.

Les inconvénients bien avérés de ce système ont conduit les constructeurs les plus renommés dans cette spécialité à supprimer complétement les engrenages sur la batteuse, et à les remplacer par un système très ingénieux, mais très compliqué de roues de friction qui évite jusqu'à un certain point les à-coups si préjudiciables au mécanisme et aux chevaux. Or, ces roues ou galets très lourds, surchargent beaucoup la batteuse, et comme leurs surfaces élastiques en contact, n'agissent efficacement les unes sur les autres qu'à la condition d'une forte pression au moyen d'un contre-poids, il en résulte une résistance plus considérable due à l'accroissement du frottement des divers axes. Le tirage est donc plus dur et le prix de la machine est plus élevé, de sorte qu'on ne sait trop en définitive ce qu'on peut avoir gagné à cette substitution.

L'emploi du manége direct a encore, selon nous, un autre inconvénient : c'est celui d'être obligé de faire franchir à tout instant, soit à la gerbe, soit aux produits du battage, la ligne parcourue par les chevaux. Il y a presque toujours dans cette surface de quelques mètres, circonscrite par leur révolution nécessaire autour du centre occupé par la batteuse, un encombrement de gerbes, de paille, de blé, d'hommes, qui gêne plus ou moins l'opération. La place manque et les ouvriers sont mal à l'aise dans cet étroit espace. La poussière et le bruit incommodent presque toujours les chevaux, qui en sont à une distance constamment égale et très rapprochée.

La combinaison particulière du manége direct et de sa batteuse exclut en outre la possibilité de faire servir le premier à toute autre opération mécanique agricole que celle du battage des grains ; cette spécialisation est un désavantage marqué. Le manége à toutes fins sera toujours très utile sur une exploitation. Un des constructeurs qui s'est le plus occupé de ces sortes de manéges, M. Lotz aîné, de Nantes, n'a pas tardé à en reconnaître les inconvénients. Pour y obvier, il a rendu possible la séparation du manége et de la batteuse. Dans ce cas, on desserre quelques boulons, on enlève et on place le *récepteur* à terre, on ajoute un arbre de couche en fer, des embrayages et l'on a alors un de ces appareils qui ne diffèrent en rien de ceux des autres constructeurs qui ont fait un emploi exclusif des engrenages comme moyen de transmission de la force du moteur. Nous avons exprimé notre opinion à leur sujet ; nous ne saurions qu'y persister. Nous ajouterons cependant, parce que c'est notre profonde conviction, que mieux vaut mille fois avoir des appareils de ce genre, malgré leurs inconvénients, qui ne sont en définitive que des inconvénients relatifs, que de n'en avoir pas du tout.

Les diverses modifications qui ont été apportées à l'idée primitive dans le *manége direct*, ont eu évidemment pour objet de sauver le principe de ce système dont l'application avait pour principal but d'éviter les installations sur terrain, installations qui, bien que très faciles, n'en exigent pas moins un peu de temps et quelques précautions. Mais est-il possible qu'un manége, *même direct*, fonctionne aussitôt qu'il arrive? Ne faut-il pas démonter ses roues ou le descendre de la charrette sur laquelle on l'a transporté? Ne faut-il pas aplanir, affermir et niveler le terrain sur lequel doivent marcher les chevaux et tomber le grain? Ne faut-il pas mettre la machine d'aplomb et de niveau, assurer sa stabilité? Tous ces soins préalables sont nécessaires à l'installation de ce système aussi-bien que pour les autres appareils de battage. L'économie de temps est donc si insignifiante qu'il vaut à peine de s'y arrêter, et si nous en parlons, c'est parce qu'on a paru y attacher une trop grande importance.

Une autre erreur trop accréditée a fait pendant bien longtemps la vogue des manéges, soit *directs*, soit *à terre*, transmettant les uns et les autres exclusivement la force du moteur par des engrenages. On a cru que le battage était meilleur, le produit plus considérable, parce que ces derniers, disait-on, transmettaient intégralement à l'organe batteur toute la force disponible des animaux. Cela est presque toujours vrai dans les premiers moments du travail et dans une expérience de courte durée. Mais dans un travail soutenu et surtout si l'alimentation est irrégulière, si, par exemple, on passe de trop fortes poignées de gerbes, il y a un ralentissement sensible dans la marche des chevaux; ceux-ci n'allant plus à leur vitesse normale, l'organe batteur se ralentit aussi. Or, si l'on comptait sur une vitesse de ce dernier de 30 mètres à la seconde pour un battage parfait, il est évident que si les chevaux ne marchent plus qu'à celle de 0^m 70, au lieu de 0^m 90 par seconde, la vitesse du batteur pendant ce temps ne sera plus que de 23 mètres, au lieu de 30 mètres dans le même temps, d'où la chance à chaque alimentation trop nourrie de battre moins bien et de fatiguer beaucoup les chevaux.

Nous sommes heureux de pouvoir reproduire à l'appui de cette opinion quelques lignes de M. Guillet qui renferment, d'ailleurs, sur le battage à manége, d'utiles renseignements.

M. Guillet, à propos du prix de revient de l'hectolitre de blé, écrit le 5 novembre 1857 à M. Barral, directeur du journal d'*Agriculture pratique :* « Quant » au battage, la machine de MM. Renaud et Lotz, de » Nantes, nous est revenue rendue au Blanc (Berri) » à 650 fr.; c'est une machine simple (sans nettoyage, » bien entendu). Elle emploie un homme pour engré- » ner, un pour lier, plus deux servants et un enfant. » Elle est à deux chevaux; mais je relayais ceux-ci de » *deux heures* en *deux heures, parce qu'elle est trop* » *fatiguante pour un seul attelage*, et que le temps » consacré à faire souffler les chevaux aurait été » perdu pour les hommes; j'y employais donc quatre » chevaux.

» Voyons maintenant comment j'ai pu compter le » battage de 16 hectolitres à 16 fr.

» Notre machine ne nettoyant pas le blé, me bat- » tait, en 10 heures, de 100 à 150 doubles déca- » litres de blé, suivant la qualité. Je prends pour » moyenne 25 hectolitres. Il me fallait pour nettoyer » ce blé, le mettre en sac et le monter au grenier, » 3 hommes au tarare;

« 4 hommes à 1 fr. 25 à » la machine.	5 fr. 00	17 fr. 50
» 1 enfant.	0 75	
» 3 hommes au tarare. .	3 75	
» 4 chevaux à 2 fr. . .	8 00	

» Cette somme divisée par 25 hectolitres, me don- » ne pour chaque hectolitre.	0	70
» Criblages, pellages, etc. . . .	0	06
» Intérêts de la machine calculés à » 15 0/0, 97 fr. 50, lesquels repartis » sur 2,000 hectolitres environ de tous » grains font, pour chaque hectolitre, » 4 c., 88, en compte rond. . . .	0	05
» C'est, en tout. .	0	81

» Et si j'ai compté 1 fr. en nombre rond, quel- » ques-uns de vos correspondants ont tort de me per- » siffler. »

Si nous avons cité tout au long cet extrait, c'est pour démontrer que des chevaux, qui ne peuvent pas travailler plus de 2 heures à un manége doivent fatiguer beaucoup, et que cette fatigue est la conséquence de l'emploi exclusif des engrenages, ainsi que cela a lieu dans la batteuse en question, qui est au reste une bonne machine ; et aussi, pour prendre sur le fait le produit moyen des batteuses à manége dans la pratique. On ne verra pas sans intérêt non plus qu'avec une batteuse n'égrénant que 25 hectolitres par jour, on ne craint pas d'attaquer des récoltes de 2,000 hectolitres de tous grains. C'est là un fait digne d'attention.

Il n'y a donc aucun avantage attaché à l'emploi des engrenages exclusivement à tout autre moyen. Mais il y a certainement l'inconvénient des ruptures, des secousses surtout que ce mode de transmission cause à tout l'appareil et d'une fatigue plus grande pour les chevaux.

Il est incontestable qu'une alimentation disproportionnée dans n'importe quelle batteuse connue influencera toujours défavorablement le battage ; mais il l'est aussi que ces effets seront bien moins fâcheux, quand les animaux n'en ressentiront pas le contre-coup, et que l'organe batteur et ces derniers ne seront plus aussi étroitement solidaires de l'irrégularité de leurs mouvements de quelle cause qu'elle provienne. Il faut bien qu'on se soit à la fin convaincu de cette vérité pour en être venu à supprimer les pignons et les roues d'engrenages d'extrême vitesse sur les batteuses, et à leur substituer des roues et des galets de friction. M. Lotz aîné a, sous ce rapport, réalisé une des plus ingénieuses combinaisons que nous ayons vues, et nous donnerions à cette modification notre approbation toute entière, si l'on n'avait à lui reprocher de coûter fort cher, d'alourdir l'appareil et d'absorber encore trop de force. Néanmoins, c'est un pas fait par ce constructeur distingué dans la voie qui nous paraît la plus sûre, et à ce point de vue nous ne saurions qu'applaudir.

Comme manége à terre pour batteuse, l'Exposition Universelle Française nous a montré un très joli appareil dû à MM. Barrett, Exall et Andrews (Angleterre).

Il consiste en un coffre cylindrique en fonte d'environ 60 centimètres de hauteur, portant un couvercle ajusté à frottement doux sur le cylindre à la façon du couvercle d'une tabatière ronde. L'intérieur de ce couvercle porte une couronne dentée dont l'extrémité des dents converge vers le centre du cylindre. Cette couronne engrène trois roues intermédiaires, lesquelles engrènent à leur tour un pignon central fixé sur l'arbre vertical du manége. Cet arbre porte à son extrémité inférieure une roue d'angle engrenant un pignon ajusté fixe sur un arbre horizontal très court, dont le bout extérieur, au moyen d'un embrayage, dit *genou à la Cardan*, communique le mouvement à l'arbre de couche rasant le sol depuis le manége jusqu'à la batteuse.

Les barres du manége sont boulonnées à la partie supérieure et extérieure du couvercle. Elles entraînent, dans leur mouvement circulaire, ce dernier, la couronne dentée et les trois roues intermédiaires dont les axes sont fixés à un support particulier, et par suite le pignon et l'arbre central. C'est là, on le voit, une idée des plus originales, et des plus ingénieuses à la fois. Le but évident de cette disposition a été, en faisant engréner le premier jeu de roues dentées sur trois points à la fois, de pouvoir diminuer des deux tiers, sans danger de rupture, la largeur et l'épaisseur des dents, par suite les dimensions des roues et pignons; enfin le poids et le volume de l'appareil. Certes, il n'est guère possible de rien trouver de plus efficace et de mieux combiné dans ce but, et n'étaient les engrenages qui sont sur la batteuse et les arbres *à la Cardan* pour transmettre le mouvement, nous ne verrions pas qu'il fût possible de réaliser un manége à terre portatif d'une manière plus parfaite.

Ainsi que cela a lieu pour presque toutes les inventions, on trouve la même idée réalisée, mais d'une manière différente, par d'autres inventeurs. Dans un manége de ce genre proposé tout récemment par M. Perrott, ce dernier, au lieu de rendre la couronne dentée solidaire du mouvement des barres d'attelage, l'en a rendu complétement indépendante, et l'a disposée fixe au batis circulaire en fonte. De telle sorte que les barres d'attelage n'entraînent dans leur mouvement que les roues intermédiaires placées entre la couronne denteé intérieurement et le pignon central qui est, lui aussi, entraîné ainsi que l'arbre vertical sur lequel il est claveté. Dans le premier cas, c'est la couronne dentée qui tourne autour des roues intermédiaires dont les axes sont fixes; dans le second cas, ce sont les roues intermédiaires, avec leurs axes solidaires du mouvement des barres d'attelage, qui se meuvent concentriquement à la couronne fixe. Le résultat est donc absolument le même.

Tout cela, nous le répétons, est fort ingénieux en théorie, nous ne saurions rien dire des résultats pratiques, n'ayant pas vu fonctionner ces appareils, mais ils ne remédient pas aux inconvénients résultant de l'emploi exclusif des engrenages et des arbres de couche comme moyen de transmission de mouvement des manéges aux batteuses. A ce point de vue, ils gagneraient bien sûr à être modifiés.

XLII.

Pour nous, qui avons construit et dirigé pendant vingt-cinq ans un vaste atelier comprenant plus de 100 machines marchant par courroies, et qui avons apprécié les services que rendent ces agents de la transmission des mouvements, services si utiles qu'on leur doit en partie la simplification et les succès des diverses opérations que comporte le travail d'une grande fabrique, nous n'avions jamais compris qu'on n'eût pas fait intervenir la courroie comme moyen de transmission de mouvement dans les batteuses. Nous eûmes la preuve que d'autres y avaient songé, quand nous vîmes, il y a quelques années, arriver à Toulouse une batteuse mue par courroies. Mais cette application était si malheureuse, que nous la déplorâmes sincèrement dans l'intérêt de l'avenir de ces machines. L'expérience nous a donné raison, car nous avons vu cette gigantesque poulie de 3 mètres et ce manége fixe que personne n'a oublié, maintenant délaissés, assister, au triomphe des applications nouvelles plus rationnelles, plus pratiques de la courroie dans les batteuses.

Clayton Hornsby, Ransommes et Sims Garrett en Angleterre, Lotz aîné et Renaud et Lotz chez nous ont complétement supprimé les engrenages dans leurs moteurs à vapeur et leurs machines, et ils ont agi sagement. Mais quelques-uns de ces constructeurs les ont conservés dans leurs manéges, soit directs, soit à terre, c'est un tort.

En France, le manége de M. Pinet d'Abilly (Indre-et-Loire), a séduit tous ceux qui comprennent le véritable progrès ; et le jury, dont le jugement est presque toujours l'écho de l'opinion publique, lui a accordé une médaille de 1re classe au grand concours de 1855 ; c'était justice. C'est là que nous avons vu, pour la première fois, ce manége que nous examinâmes avec la plus grande attention.

Nous fûmes aussi l'un des premiers à proclamer ses avantages dans notre rapport général, et cela avec d'autant plus d'empressement que M. Pinet, s'il n'avait pas complétement résolu le problème à notre point de vue, était celui qui s'était le moins écarté jusqu'ici des conditions pratiques qu'exige l'application de la courroie, comme moyen de transmission du mouvement des manéges aux batteuses.

Sans donner ici une minutieuse description de cet appareil qui a eu les honneurs d'une grande publicité, disons seulement : que la poulie qui transmet le mouvement du manége à la batteuse est horizontale ; qu'elle est fixée à deux mètres environ au-dessus du sol, et à l'extrémité d'un arbre vertical en fer forgé, tournant dans l'intérieur d'une colonne creuse en fonte, fixée par sa base sur une croix en bois reposant sur le terrain. L'un des deux grands engrenages, en fonte, indispensables ceux-là, et disposées horizontalement sur l'une des branches de cette croix, reçoit les deux ou trois leviers d'attelage, suivant que le manége est à deux ou à trois chevaux. Par leur combinaison avec des pignons de grandeur convenable, ils communiquent le mouvement à l'arbre vertical central, et par suite à la poulie fixée à son extrémité supérieure. C'est de cette dernière que part une courroie, qui va faire marcher sur la batteuse un arbre horizontal dont les poulies sont verticales.

Voilà tout le manége Pinet : c'est, on le comprend, excessivement simple. Voyons maintenant les inconvénients, car il y en a partout, et ne pas les signaler, c'est retarder le progrès.

Nous avons dit que la poulie motrice était dans le manége placée à 2 mètres au-dessus du sol ; qu'elle était horizontale ; la poulie qui reçoit le mouvement de la première est, au contraire, verticale. Eh bien! c'est précisément une disposition de ce genre qui est parfaitement possible, puisqu'elle est réalisée à tout instant dans les ateliers, qui nous semble, quant à son application, à un manége de campagne, un peu sujette à entraîner la chute de la courroie. Il faut, en effet, pour que cette dernière ne tombe pas, puisque rien ne la guide, sinon le rebord inférieur de la poulie horizontale qui est tout-à-fait insuffisant dans ce cas, que les deux poulies, en rapport direct, soient rigoureusement placées dans des positions respectivement déterminées : d'abord, par la parfaite horizontalité de la poulie du manége, ensuite par la verticalité non moins exacte de celle intermédiaire. Enfin on doit observer que le bord supérieur de cette dernière, et l'un des côtés de la poulie horizontale soient parfaitement de niveau et dans un même plan.

Réaliser ces conditions n'est pas impossible, mais c'est toujours assez difficile à la campagne, quand l'homme spécial n'est pas là. Si la courroie tombe par suite dé l'oubli d'une de ces précautions, elle tombe sur les chevaux qui passent au-dessous ; elle peut s'embarrasser dans leurs jambes, et causer ainsi des accidents de plus d'un genre, s'ils ne sont pas arrêtés sur-le-champ.

Le tirage de la courroie à l'extrémité d'un levier vertical de 2 mètres de hauteur, nous paraît également nuire aux conditions de stabilité, et du manége et de la batteuse. Il peut y avoir des vibrations, alors même que la croix en bois qui supporte la colonne serait solidement fixée par ses quatre branches, et elle doit l'être sur le sol.

A part ces inconvénients, dont une partie peut disparaître par la pratique et l'habitude, le manége de M. Pinet, dans lequel les chevaux tirent au palonnier, est un des appareils de ce genre, le plus simple et le plus commode.

Nous signalerons aussi comme un excellent manége

à courroie, celui de M. Damey, de Dôle, (Jura). Mais ce constructeur a eu la malheureuse idée de placer la batteuse, qui est aussi une très bonne machine, au-dessus du manége. Cette disposition oblige à employer des bras de levier trop courts ; à faire passer les chevaux qui peuvent s'effrayer de leur bruit, ou être incommodés de la poussière, sous le tambour batteur, le ventillateur et le mouvement de va-et-vient du chasse-paille et des cribles; et tout cela pour pouvoir transporter et manége et machine sur un même truck.

Sans doute, il est commode de n'avoir à procéder à aucune installation, quand on arrive sur le terrain, mais il ne faut pas que cet avantage soit acheté au prix du sacrifice d'autres conditions bien plus importantes, au premier rang desquelles nous plaçons celle de la stabilité, qui ne doit jamais être négligée, surtout dans les machines qui, comme celles qui nous occupent, marchent à des vitesses considérables. Vient ensuite l'avantage, en séparant le manége de la batteuse, de rendre le premier applicable à la mise en jeu de toute autre machine, ce qui a bien son prix.

Enfin il y a deux autres genres de manège dont l'un mu par courroie est dû à Paige, en Amérique, et l'autre mu par engrenages, à M. Gérard, de Vierzon (Cher) en France. Ce manége est tout simplement une charrette dont le fonds se compose de deux chaînes galles en fer, placées longitudinalement et à côté de chacune des branches portées par l'essieu. En travers de ces deux chaînes s'appuient par leurs extrémités de forts madriers qui servent à les relier au moyen de boulons, et en les recouvrant font l'office d'un plancher; mais d'un plancher mobile. Les deux chaînes sont supportées en divers endroits par des galets unis, à l'exception de celui qui est fixé sur l'axe portant la poulie motrice, lequel a des saillies qui engrènent avec la chaîne. Quand on veut faire fonctionner ce manège, on incline la charrette en plaçant le bout des brancards à terre. On fait alors monter le cheval sur le plancher mobile qui fuit sous ses pas, et entraîne par l'action des chaînes galles sur les pignons, une grande poulie placée latéralement, laquelle commande la batteuse au moyen d'une courroie.

Ce manége est certes bien simple, mais ce qui l'est moins, c'est de pouvoir habituer un cheval à ce genre d'exercice, à gravir, pour ainsi dire, constamment une pente un peu raide, alors même qu'il ne serait tenu à aucun effort musculaire autre que celui d'élever, à tout instant, son propre poids à une certaine hauteur. Ce qui est bien assez, et suffit pour faire équilibre, avec perte, au plus grand effort possible de l'animal employé de toute autre manière. Le manége de Paige fonctionna à Trappes où il fut condamné à l'unanimité. Il nous semble que c'était trop se hâter, car, malgré ses défauts, la simplicité de cet appareil, où les combinaisons mécaniques sont réduites à leur expression la plus compréhensible par l'ouvrier des campagnes le moins intelligent, peut, dans bien des cas, le rendre très utile.

Le manége de M. Gérard, de Vierzon, est construit absolument sur le même principe; il n'utilise pas mieux la force de l'animal, mais sa construction est tout aussi convenable ; sa marche est régulière et satisfaisante, ainsi que l'ont démontré les expériences du Conservatoire des Arts et Métiers, expériences dans lesquelles, avec un cheval, ce manége a pu faire fonctionner la batteuse qui l'accompagne, et lui faire égréner 411 kilog. de gerbes par heure, en conservant la paille, mais en laissant beaucoup de grain ; défaut auquel le remède serait de forcer moins le produit.

Il n'est pas possible dans le manége de M. Gérard de supprimer les quatre engrenages, dont deux cylindriques et deux coniques transmettent le mouvement à la batteuse, sans tomber dans l'inconvénient qui fit échouer le manége de Paige. Dans ce dernier, en effet, c'est une courroie qui est l'agent de la transmission ; si elle glisse ou qu'elle tombe, le tablier fuyant trop brusquement sous les pieds du cheval, celui-ci s'est bientôt abattu. Inconvénient très grave, et qui fait naître chez ces animaux une répugnance invincible à recommencer ce travail. En mettant des engrenages, M. Gérard a donc mieux fait, et, s'il faut le dire, ils n'ont pas ici les mêmes effets que dans les autres manéges, attendu que le cheval ne procède pas à la mise en train par des coups de colliers, puisqu'il n'agit que par son poids. Les résistances du départ et celles du travail régulier sont donc, dans ce cas, un frein salutaire qui maintient le tablier sous les pieds du cheval à une vitesse telle, qu'aucune chute n'est à craindre de la part de celui-ci. Cette vitesse n'étant, en effet, pour faire faire au batteur douze tours 1/2 par seconde que de 46 centimètres dans le même temps, il n'a nullement besoin de précipiter ses mouvements. Mais il faut, on le conçoit, des chevaux très patients, bien habitués et convenablement ferrés, pour ne pas glisser sur un plan incliné, dont la pente n'est pas moindre de 11 centimètres par mètre. On ne peut pas mieux comparer l'allure du cheval travaillant, ainsi qu'à celle des chevaux employés à la traction des barques fortement chargées, naviguant sur les canaux ou les rivières, qui tirent en ne semblant pas bouger de place.

En somme, le manége de M. Gérard peut être très utile aux petits cultivateurs, qui ont de faibles quantités de blé à battre, et auxquels on pourrait louer batteuse, manége et cheval dressé. Il est inutile de faire ressortir l'importance de cette application, il suffit de la signaler.

Partisan de tout ce qui est simple, en matière d'instruments agricoles, nous ne pouvions passer sous silence l'appareil de M. Gérard, auquel le jury, malgré les préventions et les nombreuses et graves objections qu'on lui a présentées, n'en a pas moins cru devoir accorder au constructeur de Vierzon un juste tribut d'éloges et une médaille de 2e classe. Ces objections nous les avons fait connaître, on pourra ainsi peser leur valeur.

XLIII.

Nous aurions terminé ici ce que nous avions à dire sur les manéges, s'il ne nous semblait utile de faire ressortir, une fois de plus, les avantages qui résultent de l'emploi de cet appareil, quand il peut se démonter, ou se transporter tout entier avec facilité. Ils sont si grands, qu'il est à supposer qu'avant peu, tous ces manéges fixes, si lourds, si encombrants, si coûteux, seront abandonnés.

Utiliser mécaniquement la force des animaux, là où cela est nécessaire, dedans, dehors, en plein champ, si l'on veut, faire voyager d'une métairie à l'autre, démonter ou serrer dans un coin l'appareil, en cas de besoin du local où il est placé, est inappréciable. Ceux qui se faisaient jusqu'ici une hydre de la mécanique à la campagne, ne sauraient manquer d'en être frappés.

Désormais il est acquis à notre conviction que, dans les petites comme dans les moyennes exploitations, il est devenu impossible de se passer de ces utiles auxiliaires des travaux agricoles, soit achetés, soit loués, si l'on veut augmenter ses revenus.

Cette conviction est d'autant plus enracinée chez nous, que nous avons été nous-même agriculteur, et qu'une longue pratique de la mécanique appliquée à l'industrie manufacturière ne nous a pas fait perdre le souvenir des besoins de l'industrie agricole. Au nombre de ces derniers et au premier rang, se trouve le battage possible en tout temps et à moindres frais que par le rouleau ou le fléau.

Une idée nous a paru bonne en ce sens. Nous l'avons réalisée; nous l'avons soumise à toutes les exigences de la pratique, et nous avons été assez heureux pour constater que, comme application de la force des animaux à toute espèce de travaux mécaniques, notre manége réalisait tout ce qu'il était possible de désirer en simplicité, en stabilité et en efficacité.

Un très grand nombre de personnes ont vu fonctionner notre batteuse, non plus dans un concours, mais sérieusement à l'œuvre, au milieu des champs. Parmi elles, nous avons été heureux de compter notre savant professeur à l'Ecole d'artillerie. Les témoignages d'approbation qui nous ont été donnés par M. Brassines, nous ne les avons pas oubliés; ils sont, à nos yeux, d'un prix inestimable et un encouragement à nos efforts.

Notre manége est portatif, il se démonte de toutes pièces, au moyen de boulons et d'écrous. Les engrenages sont réduits au strict nécessaire, tant pour leur nombre que pour leur grandeur. La transmission du mouvement du manége à la batteuse se fait au moyen d'une seule courroie, invisible dans son trajet, pouvant se tendre et se détendre à volonté, se plaçant avec facilité et ne tombant jamais. La charpente du manége solide et compacte assure, au plus haut degré, la stabilité à un appareil, qui doit pouvoir, suivant les circonstances, résister à un effort de quatre chevaux. Il peut être, à volonté pour le transport, placé sur deux roues, ou sur une charrette ordinaire. Sa mise en place n'exige d'autre préparation du sol, qu'une rigole de quelques centimètres en largeur et en profondeur.

Ce manége peut être placé à l'abri, et la batteuse à couvert, ou réciproquement, et tous deux à couvert si l'on peut disposer d'un local de 7 à 8 mètres de largeur sur 10 à 14 mètres de longueur. Les barres d'attelage sont tirées par les chevaux au moyen de palonniers et de traits. Enfin le tirage est si doux, qu'à pleine charge deux hommes peuvent le mouvoir quelques instants sans de grands efforts.

Pénétré de cette vérité, que les machines faites en vue des travaux agricoles, doivent être le plus simple possible, nous nous sommes attaché à écarter de notre batteuse toutes les complications qui ne sont pas indispensables à la réalisation d'un bon battage. Mais, convaincu aussi que les améliorations que l'expérience a sanctionnées ne doivent pas être omises, nous n'avons pas cru devoir nous dispenser d'introduire une combinaison mécanique qui réalise ce qu'on appelle le *réglement instantané* de la pression du cylindre batteur sur le contre-batteur, ou réciproquement.

Les effets de cette disposition sont, comme on sait, de prévenir les résistances dues à un excès de pression, quand de trop fortes quantités de gerbes sont introduites, d'éviter ainsi les à-coups si préjudiciables au mécanisme et à la régularité de la marche des chevaux; de pouvoir encore, à volonté, faire varier la distance entre ces deux organes, suivant la grosseur ou l'espèce de grain; de telle sorte qu'on puisse égréner aussi-bien depuis la graine de trèfle jusqu'aux fèves; teiller le lin et le chanvre avec la même facilité; passer les foins sablés, les nettoyer parfaitement, et leur rendre leur valeur sans les briser.

Les batteuses à réglement instantané de la pression sont d'ailleurs plus légères, moins sujettes aux accidents et par cela même plus économiques sous tous les rapports.

L'appareil de nettoyage étant un complément de l'égrénage, qui complique toujours avec une perte énorme de force, les batteuses quand il fait corps avec elles, nous l'avons séparé, réservant de le combiner au battage pour les seuls cas où cela entrerait dans les convenances des agriculteurs. Presque toujours, cette opération peut être faite simultanément, avec avantage et économie, au moyen d'un bon tarare marchant, soit avec le manége, soit à bras.

Nous avons, comme on le voit, cherché à rendre facile et à la portée des intelligences les moins exercées, la pratique de notre appareil complet.

Le jour donc où les agriculteurs auront bien compris les avantages du battage mécanique, notre système aura sa place marquée, sinon dans toutes, au moins dans la plus grande partie des exploitations agricoles.

Ce sera pour nous un dédommagement bien grand, si nos recherches et nos essais réussissent à doter notre pays d'une de ces précieuses machines, qui vont quelquefois porter au loin la renommée de la contrée où elles ont pris naissance.

Espérons que leur emploi se généralisera d'autant plus que si on nous a lu avec attention, on en sentira davantage l'utilité.

Notre département, l'un des plus riches en céréales de l'Empire français, avons-nous dit déjà, en supposant de 500 hectolitres la production de chaque propriété rurale d'une étendue moyenne, peut employer près de 3,600 batteuses à manége, et son industrie agricole fournir ainsi du travail à son industrie manufacturière.

Que les constructeurs de ces machines ne se découragent donc pas; qu'ils persistent dans leurs efforts, et envisagent l'avenir avec confiance, car, pour nous, il n'y a plus de doute, les agriculteurs propriétaires ou fermiers qui les repousseront, perdront volontairement tous les ans une partie considérable de leurs revenus, proportionnée à l'importance de leur exploitation.

Déjà des constructeurs de Toulouse, les uns pour la batteuse à manége, les autres pour les batteuses à vapeur, se sont fait une réputation justement méritée. Qu'ils persévèrent; nous joindrons nos efforts aux leurs, puisqu'il y a amplement place pour tous; et Toulouse, tout en s'affranchissant d'un tribut que

8

son agriculture devrait payer à l'étranger ou à des départements éloignés, verra s'accroître sa prospérité industrielle, but vers lequel, en notre qualité de membre d'un corps représentant les intérêts commerciaux et industriels de notre département, doivent tendre tous nos désirs.

XLIV.

Pourrait-on nous opposer que c'est sur une révolution dans l'agriculture de nos contrées que nous fondons nos espérances? Révolution, sinon impossible, du moins très difficile pour qui connaît nos habitudes. A cela nous répondrions : sans doute il en serait ainsi, si le battage de nos récoltes s'effectuait généralement au fléau. Mais le rouleau a presque partout remplacé cet instrument, et, avec lui, les bêtes de trait sont devenues indispensables. Ces dernières tireront donc le bras d'un manége, absolument comme elles tirent le rouleau, avec moins de fatigue cependant, car il est infiniment plus pénible pour elles de traîner un poids, en marchant sur la paille, que sur un sol ferme. C'est donc à ce point de vue, si révolution il y a, une heureuse révolution.

L'homme lui-même fatiguerait bien moins, nous l'avons démontré ; et cependant il faut en convenir, c'est de ce côté que viennent les plus grands obstacles. L'ouvrier du fléau, du rouleau, ont en horreur les batteuses ; l'aversion de certains dans nos contrées va jusqu'à poser pour condition de leur coopération à l'estivage, qu'on ne battra pas le blé autrement qu'au rouleau ou qu'au fléau. Il est évident que si ces exigences pouvaient prévaloir en principe, tout progrès en agriculture serait impossible et que sous ce rapport l'objection qu'on peut faire contre l'adoption du battage mécanique serait on ne peut plus sérieuse.

Nous tomberions dans un grand découragement si nous cédions trop aux tristes idées que fait naître cette fâcheuse opposition. Nous préférons croire qu'à la campagne, comme cela a déjà eu lieu dans les ateliers industriels, l'ouvrier comprendra que les machines ont rendu plus facile en même temps qu'elles ont assuré leur travail. Laissons-nous aller à cette confiance et poursuivons notre tâche dans l'intérêt de l'avenir, si l'amélioration du présent doit nous échapper.

Quoique le cheval soit de tous les animaux celui qui se prête le mieux à l'attelage au manége, il ne s'ensuit pas que, là où il n'y aurait pas de chevaux, on doive s'interdire l'emploi des batteuses. Bien loin de là, les bœufs se prêtent également bien à cette opération. Et, certes, ils sont bien moins incommodés de ce travail, surtout s'il avait lieu à couvert, que de celui que leur impose la traction du rouleau en marchant sur la gerbe à l'ardeur du soleil. Ce genre de battage peut sous ce rapport revenir très cher à ceux qui le pratiquent, soit par les maladies qui peuvent atteindre ces précieux animaux pendant ou après l'opération, soit parce qu'on les détourne des travaux de labour pendant les plus beaux jours de la saison. Travaillant à couvert avec une batteuse, ce qui permet d'utiliser les jours de pluie comme ceux qui leur succèdent, ces travaux ne sont pas perdus et aucune des opérations agricoles ne restent en retard.

Quelques agriculteurs, qui ont lu dans les prospectus les résultats fabuleux promis par les batteuses à manége ou à vapeur, mis en présence de la réalité, se sont découragés et attendent. « Vaut-il bien la peine, disent-ils, de dépenser 1,000 ou 2,000 fr., d'avoir quatre chevaux au lieu de deux, pour, en définitive, ne battre guère plus de gerbes en un jour qu'on n'en dépique avec le rouleau? Pour nous, ajoutent-ils, l'essentiel c'est d'avoir battu notre récolte dans le plus court délai, et pour cela de pouvoir faire avec une batteuse quatre fois plus de travail que par le rouleau, avec une économie au moins égale, sinon plus grande. Tant qu'un mécanicien ne nous garantira pas ce résultat, nous ne voyons rien de mieux que le rouleau. »

Voilà le raisonnement que l'on s'étonnerait d'entendre sortir de la bouche de ces agriculteurs, si l'on ne savait que toute innovation porte avec elle ses difficultés; difficultés dont le temps et l'expérience peuvent seuls faire justice. Avouons aussi que les agriculteurs n'ont pas tout le tort, car on leur a promis des résultats merveilleux. Est-ce leur faute, s'ils ne reviennent que difficilement des illusions dont on a bercé leur crédulité? Les Anglais et les Américains leur ont dit : avec notre batteuse et une force de 10 chevaux, nous vous égrénerons et vannerons en 10 heures de 175 à 195 hectolitres de blé fauché. En France, avec une force de 4 chevaux, on leur a promis d'égréner de 150 à 300 hectolitres du même blé par journée de 12 heures; et il se trouve qu'en fin de compte, c'est à peine si on a pu réaliser le tiers du travail promis, travail qui coûte encore près du double plus cher qu'avec le rouleau. Faut-il s'étonner, dès-lors, si comptant pour rien les avantages non apparents du battage à la vapeur, on a entendu les propriétaires ruraux et les fermiers faire ce calcul : « Sur 1,000 hectolitres récoltés, le rouleau nous gagnera 1,000 fr. ? »

Et nous, qui leur apportant la froide réalité, venons leur dire : Pour augmenter votre revenu, ce n'est pas en trois ou quatre jours que vous pouvez avoir battu votre récolte de 1,000 hectolitres, ce résultat est trop beau pour être vrai ; mais, en 32 jours seulement : comment serons-nous accueilli? Comment conjurer les effets de ce désenchantement ? Cela sera peut-être difficile. Quoi qu'il en soit, aux risques de paraître nous répéter, nous allons revenir à la charge et avec la seule arme que l'on nous ait laissée : la vérité, nous allons essayer une fois de plus de combattre le découragement et de détruire les préventions fâcheuses des agriculteurs. Mais avant, nous les prions de jeter attentivement les yeux sur notre tableau météorologique, expression fidèle des vicissitudes atmosphériques qu'ils ont eu à subir et de nous suivre.

Si chaque année, en 1854, 1855, 1856 et 1857, il avait été convenu qu'on nous donnerait un abri pour notre manége, 4 chevaux et 6 à 8 personnes pour battre et vanner le produit de 12,000 gerbes de 10 kil. tant blé qu'avoine, orge ou seigle, et qu'en même temps une récolte d'égale importance serait dépiquée au rouleau, commençant simultanément le 1er août de chacune des années qui précèdent, voyons ce qui serait arrivé, en supposant que le rouleau eût égréné comme nous 400 gerbes par jour avec deux chevaux et le même personnel, ce qui n'est guère possible, mais enfin nous faisons cette concession.

En 1854, avec notre batteuse, nous aurions eu terminé les battage et vannage des 12,000 gerbes le 31 août; le rouleau n'aurait terminé le sien que le 30 septembre.

En 1855, nous aurions terminé le 31 août, et le rouleau le 23 octobre.

En 1856, la batteuse eût fini le 31 août; le rouleau le 30 octobre.

En 1857, la batteuse terminait le 31 août; le rouleau le 17 octobre.

Il faut noter que nous avons compté comme beaux, pour le rouleau, des jours sombres et presque pluvieux, de très mauvais jours, qui influent défavorablement sur l'égrénage, ainsi que l'attestent tous les agriculteurs.

Récapitulons maintenant :

Nous avons pour la batteuse, dans les quatre années, 120 jours de travail, soit 480 journées de cheval, supposons-les à 2 fr., ci. . . 960 fr.

Supposons encore un personnel à la journée de 1 fr. 50, nous avons 120 journées de 8 personnes, soit 960 journées à 1 fr. 50. 1,440

Si on nous objecte que les solatiers ou estivandiers ne sont pas payés à la journée, nous répondrons que cela ne fait absolument rien, car il y a toujours quelqu'un qui paie le temps perdu. Nous ne posons, d'ailleurs, que des chiffres relatifs que chacun peut facilement modidifier.

Total. . . 2,400 fr.

Ce calcul ainsi établi :

Voyons ce que nous avons dépensé avec le rouleau :

En 1854,	60 j. de	2 chev.,	120 jour. à 2 f.		240	1,280
1855,	83	2	166	id.	332	
1856,	90	2	180	id.	360	
1857,	87	2	174	id.	348	
	320		640 journées.			

Plus :

En 1854,	60 j. à	8 h., soit	480 j. à 1 f. 50.		720	
1855,	83	8	664	id.	996	
1856,	90	8	720	id.	1,080	
1857,	87	8	696	id.	1,044	
Totaux.	320 jours.		2,560 journées.		3,840	
	à déduire :					2,820
	85 { 8 jours de pluie en août et septemb. 1854; — 25 jours en août, septemb. et octobre 1855; — 30 j.rs en août, septembre et octobre 1856; — 22 j.rs en août, septembre et octobre 1857. }		680 j. à 1 f. 50.		1,020	
Reste,	235 j. de trav.		1,880 j. à 1 f. 50.		2,820	4,100 fr.

On comprendra que nous aurions le droit, sans qu'on pût nous accuser d'exagération, de compter comme affectés au battage les jours de pluie, puisqu'en définitive, si l'on avait eu des ouvriers gagés à l'année, il eût fallu payer leur inaction. Mais nous préférons faire la part la plus large possible aux vieux systèmes afin de faire ressortir davantage leur impuissance et déduire ce temps perdu.

En conséquence, la moyenne est pour chaque année, avec le rouleau :

Pour les chevaux, 80 jours de travail de 2 chevaux, 160 journées à 2 fr. .	320 fr.
Pour les hommes, 58 jours 1/2 de travail de 8 hommes, 468 journées à 1 fr. 50.	701
Total. . .	1,025 fr.

Avec la batteuse à manége :

Pour les chevaux, 30 jours de travail de 4 chevaux, 120 journées à 2 fr., ci.	240 fr.	600
Pour les hommes, trente jours de travail de 8 hommes, 240 journées à 2 fr.	360	
Reste au profit de la batteuse.		425 fr.

Nous aurions donc dépensé par l'emploi du rouleau, bien qu'il n'exige pour la force motrice que 2 chevaux, 425 francs par chacune des quatre dernières années, de plus qu'avec notre batteuse.

On peut nous objecter que 12,000 gerbes se récoltant rarement sur la contenance affectée à une métairie, ces 12,000 gerbes sont dépiquées d'ordinaire sur plusieurs aires, et qu'alors l'opération ne se prolongeant pas autant, il faut compter moins de jours pour cette opération, et dès-lors moins de chances de rencontrer des jours pluvieux ou impropres au battage.

Sans doute, cela est vrai; mais si l'on examine notre tableau météorologique, on verra que sur quatre années l'année 1856 a seule offert cette circonstance de pouvoir, dans les derniers jours de juillet et les 15 premiers jours d'août, arriver à la fin du dépiquage au rouleau, de 4,000 gerbes supposées former le contingent d'une métairie, sans que la pluie soit venue interrompre cette opération. Dans les trois autres années, même pour cette fraction de récolte, le dépiquage s'est prolongé bien au-delà de l'époque où la batteuse aurait fini son travail.

En admettant au surplus qu'on eût deux ou trois aires fonctionnant simultanément pour dépiquer douze mille gerbes, ne faut-il pas alors plus de chevaux et un personnel relativement plus nombreux? Nos calculs donc, s'ils peuvent varier suivant les circonstances culturales de chaque exploitation, n'en sont pas moins incontestables au fond pour ce qui a trait à ces quatre dernières années. Les agriculteurs ne sauraient, autrement que nous l'avons fait, résoudre ce dilemme : ou bien ils ont des ouvriers gagés, et alors ils perdent de l'argent en les payant quand ils ne font rien tout comme quand ils travaillent; ou bien ils ont des estivandiers, et dans ce cas ceux-ci perdent du temps. En tout état de cause, il y a quelqu'un qui perd par l'emploi du rouleau pour le battage des grains. On se plaint de la rareté des bras dans nos campagnes : le moyen certain d'en augmenter le nombre, pendant une partie de l'année, n'est-il donc pas de substituer à ce procédé qui préjudicie ainsi aux intérêts les plus chers de l'agriculture, le battage mécanique qui, en outre des avantages déjà signalés, mais dont nous allons reparler, régularise un travail dont le succès n'a dépendu jusqu'ici que de circonstances favorables très incertaines? Voilà ce que nous voulions démontrer aux propriétaires ou fermiers, qui doutent de ses avantages sous ce rapport.

Quant aux avantages résultant du rendement du blé, de la paille, de la plus value du grain : voyons encore, car nous n'y reviendrions jamais assez.

Supposons cette fois que notre récolte de 12,000 gerbes soit toute en blé, que les gerbes pèsent 10 kil. et que le rendement en grain soit de 40 0/0. Nous aurions 120,000 kil. de gerbes, 48,000 kil. de blé. ou 600 hectolitres de 80 kil.

En admettant, pour le blé laissé dans la paille par le rouleau, une moyenne *minima* de 5 0/0, nous avons 30 hectolitres à 20 fr. . . .	600 fr.
10 0/0 du poids de la paille perdus en débris, soit sur 72,000 kil., 7,200 kil. à 2 fr.	144
Plus-value du blé à 25 c. par hectol.	150
Total. . .	894 fr.
Supposons, enfin, que la batteuse laisse 1 0/0 de grain, soit 6 hectolitres à 20 fr.	120
Reste. . .	774 fr.
En y ajoutant, pour les chevaux et les hommes, les frais que nous avons trouvés plus haut.	425
nous avons pour chaque année une perte totale de.	1,199 fr.

Perte qui se change en bénéfice par l'emploi du battage mécanique.

Mais ce chiffre n'est pas le dernier, il doit très souvent s'augmenter de la différence du prix de vente du blé surpris sur l'aire par un orage, différence qui peut dans bien des cas être considérable. Ainsi, cette année, nous avons vu tout récemment acheter à 15 fr. l'un, par un boulanger, 30 hectolitres de bladette, provenant d'une ou de plusieurs airées de gerbes surprises par la pluie, sur une exploitation des environs de Saint-Jory, alors que la même espèce de blé, qui n'avait pas été mouillé, se vendait 19 fr. l'hectolitre. La différence était donc de 4 fr. par hectolitre et constituait le propriétaire en une perte de 120 fr. sur les 30 hectolitres vendus. Est-ce tout encore? Non, certes, car il faudrait ajouter à ces 120 fr. tout ce qu'a coûté le travail occasionné par le *gâteau* en question : la valeur du blé laissé dans les épis par une opération incomplète et d'un temps précieux perdu qui ne se retrouve plus. Y a-t-il lieu après cela de tant tenir au rouleau, de tout voir en beau en ce qui le concerne, et de se montrer si exigeant à l'égard des batteuses qui pourront bien ne pas faire des prodiges, mais qui fourniront bien sûr à ceux qui les emploieront le moyen de payer leurs contributions sans rien distraire de leur revenu annuel ?

XLV.

Nous ne savons si nous nous faisons illusion à cet égard et si l'oubli de quelque condition de premier ordre a égaré nos calculs ; mais il nous semble que les agriculteurs, de quelque manière qu'ils combinent l'opération du dépiquage sur l'aire, gagneraient à l'adoption des nouveaux procédés de battage au-delà de ce qu'ils peuvent supposer. L'ancien système réagissant en outre d'une manière fâcheuse bien souvent sur les autres travaux, n'offre en perspective qu'une nouvelle perte que les agriculteurs seuls peuvent évaluer. Il est encore un autre intérêt qui souffre de l'emploi des vieux engins. Cet intérêt, c'est l'intérêt public. Il souffre sous le rapport de l'abondance, il souffre également au point de vue de la salubrité. L'on doit donc s'en préoccuper sérieusement.

Dans le premier cas, n'est-il pas douloureux,. en effet, de penser que l'imperfection des moyens encore en usage pour égréner le blé, et les vicissitudes de l'atmosphère réunies, font perdre, année moyenne de notre production en céréales, de quoi alimenter, pendant plus d'un mois, la population de notre département qui se nourrit de pain? Que pour combler ce déficit d'un vingtième au moins, il faut, dans les années de rareté des grains, se démunir d'un numéraire d'autant plus précieux, qu'il est plus rare alors et plus nécessaire?

Beaucoup peut-être nous accuseront d'exagérer le mal pour faire adopter notre système. A ceux-là nous répondrons : Nous avons une force motrice, nous avons une batteuse, livrez-nous des échantillons de vos pailles pris au pied des meules où l'on vient de les porter, venez et vous verrez !

La salubrité, c'est encore un fait d'une haute importance, n'est pas moins intéressée à l'adoption des batteuses, ainsi qu'on va le voir. Appelé en 1856 et 1857 par M. le préfet de la Haute-Garonne à l'honneur de faire partie de la commission chargée des expériences de panification et de rendement des blés, nous avons pu apprécier l'influence qu'a sur la blancheur et la saveur du pain, l'emploi de blés roulés plusieurs fois dans la poussière de l'aire; poussière, que la boulangerie qui fait moudre pour le pain bis, ne saurait éliminer sans perdre du poids, et qui, d'ailleurs, ne le pourrait guère, avec les moyens imparfaits d'épuration que l'on rencontre dans la plupart de nos moulins.

Cette poussière, que l'urine des chevaux ou des bœufs, l'humidité de l'aire, ont fait pénétrer jusqu'au fond de la rainure du grain, résiste aux moyens d'épuration les plus énergiques. Le mouillage pratiqué par quelques boulangers et minotiers, dans le but d'éviter la piqure des farines et de prévenir l'évaporation à la meule, ne fait que rendre son union plus intime avec le grain. Le pain blanc a donc aussi sa part de toutes ces saletés.

Pour s'en convaincre, que l'on pénètre dans une amidonnerie salubre, qu'on suive, comme nous l'avons fait, dans un des plus beaux et des plus vastes établissements de ce genre que possède notre ville, les opérations successives que l'on fait subir aux farines supérieures, pour séparer, au moyen de lavages à grande eau leurs principaux éléments, l'amidon et le gluten. L'on verra dans le fond des cuviers, les couches d'amidon provenant des minots des premières marques dans notre pays, contenir des quantités de terre tellement unies à cette fécule molécule à molécule par une sorte d'affinité de densité, qu'aucun moyen mécanique ou industriel ne peuvent les séparer. Et cependant les blés qui ont produit ces minots ont été rudement secoués, criblés, brossés ; mais aucun de ces moyens n'a pu réussir à séparer cette tenace ordure, que les travaux de l'aire semblent avoir incrustée dans le grain.

Et ce n'est pas seulement dans les moulins, dans la consommation des produits de la boulangerie, ou dans les ateliers industriels, que cette poussière malsaine exerce ses effets malfaisants. Dans les grands magasins de manutention militaire ou civile, les ouvriers souffrent aussi beaucoup de la pénétration, dans les voies respiratoires, de ces matières pulvérulentes, soulevées en nuages épais par le pelletage ou le mesurage.

Pour donner une idée de cette funeste influence, nous citerons un fait entre mille : Il y a quelques années, un marchand de grains fut, après avoir assisté au mesurage de quelques centaines d'hectolitres de blé, pris par une fièvre intense, avec tous les symptômes qui accompagnent d'ordinaire une angine des mieux caractérisées et des plus graves. Ces symptômes allaient s'exaspérant de plus en plus, au point de n'avoir plus rien à espérer de la vie du malade, lorsque, pendant une quinte de toux, ce dernier expulsa par la bouche un tube en terre plastique, dont la surface extérieure était parfaitement moulée sur la trachée, et l'origine des premiers troncs bronchiques. La pression progressive de la muqueuse enflammée, avait réduit l'ouverture intérieure de ce tube à la grosseur à peine d'un tuyau de plume. Il est évident que, sans l'heureuse crise qui lui fit détacher et rejeter ce corps, le malade qui était M. Rogale, bien connu des commerçants en grain et des agriculteurs de Toulouse, périssait asphyxié.

La poussière, ramassée sur l'aire, n'est pas la seule qui souille le grain avec lequel nous préparons notre premier aliment. Des œufs ou des larves d'insectes déposés sur pied dans les téguments de son enveloppe corticale, nullement troublés par la pression du rouleau, poursuivent là paisiblement le développement de leur première existence. Arrivées au grenier, ces larves rejettent plus tard, sous forme de poussière excrémentielle, une partie de la farine dont s'est nourri l'insecte avant sa dernière transformation. On a donc moins de blé, mais on a une nouvelle poussière non moins malfaisante que la première.

Tous ceux qui ont vu, comme nous, l'immense surface des tas de blé, conservés depuis longtemps dans les grandes manutentions, s'agiter visiblement du même mouvement que celui des nombreux charançons, alucites, papillons, etc., dont les germes avaient été respectés par les vieux procédés de dépiquage, demandent de tous leurs vœux qu'un remède soit apporté à un tel mal.

On a inventé des greniers mobiles, une machine appelée *Tue-teignes*, l'ensilage. Tout cela est excellent, sans doute, mais cela est employé d'ordinaire trop tard. Ne vaut-il pas mieux étouffer le mal dans son germe? La batteuse, par l'énergie de son choc, frappe impitoyablement de mort les insectes à l'état d'œuf ou de larve, et si certains échappent à ses effets destructeurs, c'est, à coup sûr, le plus petit nombre.

Sous le double rapport de l'économie privée et publique; sous le rapport non moins digne d'attention de la salubrité, le battage mécanique est donc devenu une nécessité.

Le Gouvernement l'a compris et porte le plus grand intérêt au développement de ce progrès agricole. Espérons donc que ses encouragements, ceux que les constructeurs de batteuses trouvent dans l'appui des Sociétés d'agriculture, des Comices agricoles, dans les Concours régionaux, seconderont les efforts de l'industrie.

XLVI.

La tâche que nous nous sommes imposée étant d'éclairer les propriétaires ruraux et les fermiers desquels doit émaner tout le bien que nous attendons de notre système, et pour cela de ne laisser dans l'oubli aucun point important de la question qui nous occupe, nous allons revenir, de la manière la plus complète, sur la statistique générale des machines à battre le blé, existant dans la Seine-Inférieure, dressée par M. C. Fouché, secrétaire du bureau adjoint de la Société Centrale d'Agriculture de ce département, travail remarquable, qui atteste et le savoir de son auteur, et au plus haut degré le zèle, uni à la patience, le dévouement de l'homme qui a sérieusement l'intérêt de tous pour but et pour mobile.

Nous essaierons à notre tour de faire jaillir de ces riches documents des enseignements utiles aux constructeurs de machines, et aux agriculteurs de notre pays. Les premiers y verront ce qu'en matière de produit des batteuses à manége, ils doivent promettre, et les acheteurs, ce qu'ils peuvent raisonnablement espérer en pratique, eu égard à l'emploi des forces de un à quatre chevaux.

Les renseignements recueillis par M. Fouché dans 461 communes appartenant à 45 chefs-lieux de canton et fournis par plus de 1,500 propriétaires ou fermiers, donnent une autorité incontestable à ses chiffres, et un caractère de certitude, que l'on chercherait vainement ailleurs.

C'est aussi avec bonheur que nous témoignons ici publiquement notre reconnaissance personnelle à M. le président et à MM. les membres de la Société Centrale d'Agriculture de la Seine-Inférieure, qui, sur notre demande, se sont empressés de mettre à notre disposition le 142e cahier, contenant l'extrait des travaux de cette Société pour le 3e trimestre de l'année 1856, dans lequel se trouve inséré le rapport de M. Fouché.

Nous avons dit, d'après l'auteur, que les 1,489 machines qui ne battent encore hélas ! il faut bien le dire, qu'un peu plus du cinquième de la récolte de ce département, tandis que le reste est encore battu au fléau, laissant, comme on sait, depuis 5 jusqu'à 15 0/0 de blé dans la paille, avaient coûté 1,545,290 fr. Nous ajouterons : ce qui frappe dans ce chiffre, ce n'est pas son élévation, qui n'est nullement disproportionnée à celui des 44,500,000 fr. représentant son revenu territorial, mais bien la proportion dans laquelle le propriétaire et le fermier ont contribué à cette dépense. Ainsi, tandis que les fermiers ont déboursé, pour se munir de batteuses, une somme de 1,285,420 fr., les propriétaires exploitants n'ont contribué, eux, sur la somme totale, que pour celle de 259,870 fr., ou pour environ un sixième.

De cette circonstance, ne faut-il pas évidemment conclure, que le fermier, pour payer sa ferme, les travaux de culture et réaliser un bénéfice, est obligé de faire toutes les économies dont l'expérience lui a démontré la possibilité ? Et qu'au nombre de ces dernières, comptant, pour une large part, celle que lui procure l'emploi d'une batteuse, il calcule très bien en sacrifiant une partie de son capital à cette acquisition, de première utilité pour lui ? La part contributive du propriétaire dans cette dépense, ne pourrait-elle pas aussi être considérée comme un moyen de rendre plus avantageux de part et d'autre le renouvellement des fermages, dont les baux sont, en quelque sorte, héréditaires dans les familles de fermiers de la Normandie ? Cette double hypothèse paraît vraisemblable, et dès-lors elle permet de conclure aussi : que dans la Seine-Inférieure, comme partout, le battage mécanique est un moyen certain d'augmenter le revenu du sol.

Cette augmentation est si évidente ici qu'un simple calcul suffira pour la faire ressortir.

Le nombre de gerbes battues par les machines, dans le département qui nous occupe, est, en effet, de 14,233,536. Il faut, en moyenne, 28 de ces gerbes pour faire un hectolitre de blé; les 14,233,536 gerbes représentent donc 508,340 hect. de blé. Supposons maintenant, que le battage au fléau laisse, en moyenne, dans la paille 10 0/0, ainsi que cela est généralement admis, la quantité de blé laissé serait, dans ce cas, de 50,834 hectolitres qui, au prix moyen de 20 fr., font 1,016,680 fr. Or, comme 1,489 machines ont effectué le battage des 14,233,536 gerbes, il s'ensuit que chacune d'elles a bénéficié à son propriétaire pour une somme de 683 fr. environ en moyenne.

C'est là un résultat que peut bien infirmer ou accroître le plus ou le moins de blé laissé, mais qui exprime nettement, alors même qu'on abaisserait le chiffre de la perte jusqu'au *minimum* de 5 0/0, l'influence du battage mécanique sur le revenu. Et cela indépendamment d'autres avantages tout aussi importants déjà signalés. L'influence favorable du fermage sur ce même revenu est encore un fait qui, à ce point de vue, paraîtrait également hors de doute.

XLVII.

Mais pourquoi se fait-il que 1,489 batteuses ne puissent battre qu'un peu plus du cinquième de la récolte de ce département, ce qui supposerait qu'il faudrait près de 7,000 machines pour battre la récolte entière? M. Fouché nous l'explique; laissons parler l'auteur et connaissons toute sa pensée :

« Ces 1,489 machines nécessitent l'emploi d'une » force totale égale à 3,403 chevaux 1/2; c'est une » force moyenne de deux chevaux 285 millièmes par » machine.

» Elles battent par heure 53,958 gerbes de blé, » soit, en moyenne, 36. La journée, pour ce genre » de travail, n'étant, d'après les renseignements » recueillis, que de six heures, en moyenne, la quan- » tité de blé battu en un jour est de 216. Ce nom- » bre multiplié par celui des jours employés, qui est » de 65,896, donne un produit annuel de 14 mil- » lions 233,536 gerbes, c'est-à-dire un peu plus que » le cinquième de la récolte totale du département.

» Cette récolte est, en effet, en 1856, d'environ » 67,890,000 gerbes, c'est donc 53,656,464 ger- » bes qui sont battues à l'aide du fléau.

» Si ce mode de battage, si lent, si pénible, ne » présente que peu d'inconvénients apparents, alors » qu'il s'agit de préparer le grain pour le marché, » il n'en est plus ainsi lorsqu'il faut, en vingt jours, » mettre à l'état de semence 307 mille hectolitres » de blé, et que le cinquième seulement est produit » par les machines. Il y a là évidemment un vice » d'administration, parce qu'en agriculture, comme » en industrie, tout doit s'enchaîner. Et par les » chiffres qui précèdent, il est facile d'expliquer les » causes du retard qu'éprouvent si souvent la plu- » part des petits cultivateurs dans l'ensemencement » de leurs blés. Comment, en effet, obtenir en » temps utile, sans perte de temps et d'argent, et

» par le seul moyen du fléau, 245,000 hectolitres
» de semence ? Puis, il ne faut pas perdre de vue
» que, durant le temps des semences, les marchés
» doivent être approvisionnés ; que la consommation
» quotidienne du département est de 5,866 hectolitres, et que, en admettant que les semailles durent vingt jours, il faudra ajouter aux 307,000
» hectolitres de semence, 117,320 autres hectolitres
» nécessaires à la consommation, soit un total de
» 424,320 hectolitres. Si maintenant l'on multiplie
» ce nombre par 28, nombre représentant la quantité de gerbe nécessaire pour produire un hectolitre de blé, on aura 11,280,960 gerbes, dont les
» machines battront seulement le cinquième ; soit à
» battre au fléau 9,504,768 gerbes, et ce, si non
» en vingt jours, au moins en un délai très court.

» Cette situation explique, avec la rigidité des chiffres, bien des mécomptes, bien des embarras
» particuliers et sociaux. Serait-il possible de la
» changer, sans apporter la perturbation dans les
» habitudes du pays? Nous l'ignorons, nous n'avons
» pas la prétention d'enseigner un moyen propre à
» faire cesser immédiatement le mal existant.

» Cependant un fait principal nous frappe : il
» existe, dans notre département, 1,489 machines,
» représentant un capital de plus de 1,500,000 fr.,
» et ces machines, parce qu'elles sont fixes et aussi
» parce que plusieurs sont anciennes, ou établies
» dans de mauvaises conditions, ne peuvent produire
» que le cinquième du travail qu'il serait utile de
» réaliser.

» Or, à un tel état de choses, il doit y avoir un
» remède, et sans entrer dans des détails pratiques
» que nous abandonnons aux hommes spéciaux, il

» nous semble que si, au lieu de près de 1,500 ma-
» chines fixes, nous avions dans le département
» 700 machines mobiles, travaillant régulièrement
» dix heures par jour, et battant 60 gerbes à l'heure,
» nous aurions un produit supérieur avec une dépense
» en capital et en frais généraux, diminués de moi-
» tié, et toute la récolte du département pourrait
» être battue en moins de 162 jours.

» Quoi qu'il en soit, remercions les hommes de
» progrès qui ont doté l'agriculture de ces utiles ins-
» truments, et faisons des vœux pour que l'applica-
» tion de ces machines agricoles se généralise avec
» les améliorations que permettent d'y apporter la
» science et l'industrie. »

Nous n'avons pas voulu retrancher un mot de cette appréciation pleine de sagesse et qui s'inspire en même temps du plus vif amour du progrès. Bien qu'elle porte sur des habitudes et des circonstances agricoles propres à la contrée, il n'en est pas moins certain qu'on en peut tirer partout d'utiles enseignements.

On comprend donc, d'après ces explications, pourquoi les 1,489 machines de la Seine-Inférieure ne battent pas plus que le cinquième de la récolte de ce département, et encore en soixante-six jours ! Ce sont des machines fixes, anciennes, établies dans de mauvaises conditions et ne travaillant d'ailleurs que six heures par jour. En voilà plus qu'il n'en faut pour expliquer des résultats qui tournent d'une manière si sérieuse au détriment de l'agriculture de ce pays.

On comprendra aussi que la batteuse locomobile à 2 chevaux que nous avons expérimentée à Mervilla et qui battait par 10 heures 400 gerbes de 14 kil. 500 (résultat pratique), battrait bien 725 gerbes de 8 kil. dans le même temps, et que 1,406 machines de ce genre avec 2,221 chevaux de plus travaillant 10 heures, battraient les 67,890,000 gerbes de la Seine-Inférieure, non plus en 162 jours, mais en 90 jours; en 60 jours avec 3 chevaux et en 45 jours avec un attelage de 4 chevaux.

Notre département n'ayant pas, comme celui dont nous venons de nous occuper, d'anciennes machines fixes dont le sacrifice, quelqu'avantageux qu'il soit, coûte toujours à celui qui est obligé de se pourvoir sur nouveaux frais, peut donc profiter des découvertes de l'industrie et mettre son agriculture au niveau des mieux favorisés sous ce rapport.

XLVIII.

Disons un mot maintenant sur le produit par heure, de toutes ces machines, non plus pris en moyenne, mais séparément et eu égard à la force appliquée à chacune. Il en peut résulter d'utiles indications, malgré que nous sachions que ces machines sont la plupart défectueuses à plus d'un titre.

Ne peut-on pas d'ailleurs supposer qu'une sorte de compensation puisse s'établir par suite de la différence de force des chevaux normands et des nôtres? Et qu'alors cette différence fait équilibre à la perte résultant des conditions défavorables de ces machines, ce qui rétablirait la proportion et nous donnerait la mesure de ce que nous pouvons obtenir en pratique? Cela est très possible.

Quoi qu'il en soit, faisant le dépouillement des tableaux dressés par M. Fouché, nous trouvons que sur les 1489 machines recensées, il y a :

34 machines à 1 cheval battant et vannant ou battant seulement.

Voici le produit par heure de ces 34 machines :

					Moyenne
	6 battent	10 gerbes, ci.	60		
	1	12	12		
	1	13	13		
	3	15	45		
	1	16	16		
34	1	18	18	694	20 41
	9	19	170		
	5	25	125		
	3	30	90		
	3	35	105		
	1	40	40		

1154 mach. à 2 chevaux, dont :

	5 battent	10 gerbes, ci.	50		
	7	11	77		
	22	12	264		
	4	13	52		
	27	15	405		
	3	17	51		
	109	20	2180		
	114	10	2850		
	2	27	54		
1154	253	30	7590	40,529	35 12
	79	35	2765		
	220	40	8800		
	2	43	86		
	43	45	1935		
	253	50	12650		
	6	60	360		
	4	70	280		
	1	80	80		
1188		*A reporter.* .		41,223	

1188	*Report*. . .	41,223	

148 mach. à 3 chevaux, dont :

						Moyenne
148	1 battent	17 gerbes, ci.	17		6,247	42 41
	7	20	140			
	6	25	150			
	33	30	990			
	3	35	105			
	44	45	1980			
	43	50	2150			
	3	55	165			
	5	60	300			
	1	70	70			
	1	80	80			
	1	100	100			

152 mach. à 4 chevaux, dont :

152	1 battent	18 gerbes, ci.	18	6,388	42 02
	1	20	20		
	4	25	100		
	17	30	510		
	11	35	345		
	52	40	2080		
	27	45	1215		
	28	50	1400		
	9	60	540		
	2	80	160		

	1 machine à 5 chevaux battant par heure.	100	100
1489 machines.	Totaux.		53,958

On voit d'après ces détails que si le produit de quelques machines, qu'elles soient à 1, 2, 3 ou 4 chevaux, est identique malgré la différence de force appliquée; cela tient évidemment à ce que la plupart sont dans de mauvaises conditions.

La moyenne est donc plus près de la vérité. Récapitulons et nous trouvons en effet que :

34 mach.	à 1 chev. bat. par h. en moyenne ch.	20, 14 g.
1154	2	35, 12
148	3	42, 41
152	4	42, 02
1	5	100
1489		

La progression moyenne se heurte ici néanmoins contre une anomalie, relativement aux machines à 4 chevaux qui ne battraient pas plus de gerbes en moyenne, moins, au contraire, que les machines à 3 chevaux, les unes et les autres comprenant, d'ailleurs, une proportion à peu près égale de machines battant et vannant ou battant seulement.

Pour expliquer cette anomalie, il faut nécessairement admettre que les machines à 4 chevaux étant de création très ancienne, sont moins parfaites que celles à 3 chevaux de construction plus récente. Au reste, une foule de circonstances influent sur ces divers résultats pris isolément, et si nous les avons présentés, ici, c'est uniquement comme un moyen approximatif de s'éclairer. Toutefois, nous ne devons pas laisser échapper cette occasion de rappeler que 3 chevaux agissent toujours relativement moins bien à un manége que 2 chevaux et 4 que 3; nous en avons expliqué la raison, nous n'y reviendrons pas.

Le prix de revient de ces machines pouvant avoir quelque intérêt, nous avons établi celui relatif à chacune, et nous avons trouvé les résultats suivants :

Dans les 1,085 machines qui battent et vannent simultanément :

20 machines à 1 cheval ont coûté	12,850 fr
Minimum, 300	
Maximum, 1200	
Moyenne, 897 50	
820 machines à 2 chev. ont coûté	925,740
Minimum, 300	
Maximum, 2000	
Moyenne, 1122 73	
125 machines à 3 chev. ont coûté	143,230
Minimum, 500	
Maximum, 2000	
Moyenne, 1145 84	
119 machines à 4 chev. ont coûté	142,880
Minimum, 500	
Maximum, 3400	
Moyenne, 1200	
1 machine à 5 chevaux a coûté	1,300
Et dans les 404 machines battant seulement :	
14 machines à 1 cheval ont coûté	9,400
Minimum, 100	
Maximum, 1600	
Moyenne, 671 43	
334 machines à 2 chev. ont coûté	258,850
Minimum, 200	
Maximum, 1800	
Moyenne, 775 70	
23 machines à 3 chev. ont coûté	19,550
Minimum, 500	
Maximum, 1300	
Moyenne, 850	
33 machines à 4 chev. ont coûté	31,490
Minimum, 550	
Maximum, 1550	
Moyenne, 954 25	
1489 machines ont coûté. . .	1,545,290 fr.

Il n'est guère possible, on le comprend, d'apprécier ces divers chiffres qui n'acquièrent une valeur quelconque que lorsqu'ils sont rapprochés de l'objet auquel ils se rapportent. Ce qui est plus certain, c'est que l'on peut aujourd'hui, à Toulouse même, se procurer une excellente batteuse de la force de 2 chevaux égrénant seulement le blé, et y compris son manége, pour environ le prix moyen qu'a coûté la machine seulement dans la Seine-Inférieure, c'est-à-dire pour 1,000 ou 1,100 fr., et que cette batteuse fera par heure, sinon davantage, au moins autant de travail en moyenne. Cette moyenne est dans la Normandie de 36 gerbes de 8 kil. par heure. Nous en avons égréné, nous, 40 de 10 à 14 kil. 500 avec 2 chevaux seulement, relayés chaque trois heures. Il est vrai que nous n'avons pas nettoyé le grain. Mais disons aussi que dans la Seine-Inférieure la moyenne de 36 gerbes, par la raison qu'on l'a déduite d'attelages depuis 1 jusqu'à 4 chevaux, correspond à une force de 2 chevaux 285 millièmes ou un peu plus de 2 chevaux 1/4. Or, le jury de l'Exposition Universelle, posant en principe dans son rapport sur les batteuses, que la force nécessaire pour vanner et nettoyer le blé ne doit pas être comptée pour plus de 1/5e à 1/6e de la force d'un cheval vapeur, et du 1/4 au 1/3 de celle d'un cheval ordinaire, on voit que les résultats que nous avons obtenus sont encore supérieurs ; supérieurs par le produit, puisque nous avons battu 400 kil. de gerbe par heure au lieu de 288 kil.; supérieurs aussi relativement à la force, puisque nous étions loin d'avoir à notre disposition ces bons et solides chevaux normands, agissant autant par leur masse que par la franchise de leur allure ; mais bien des juments ordinaires de notre pays dont sur quatre l'une était pleine, l'autre nourrice, la troisième boiteuse.

Nous pouvons donc nous suffire à nous-mêmes sous le rapport des machines à battre, voilà un fait désormais acquis. Qu'il s'agisse de batteuses à un, à deux ou trois chevaux, vannant ou ne vannant pas, celles que nous construirons chez nous produiront toujours, *en pratique*, autant, sinon davantage, que les machines les plus renommées, soit de la France, soit de l'étranger. Ajoutons qu'elles seront aussi solides.

XLIX.

On a dit, que les machines à un seul cheval n'étaient pas les plus économiques. Cela est vrai, sans doute; mais il ne s'ensuit pas qu'elles ne puissent rendre de grands services à certains propriétaires.

Supposons, en effet, une faible récolte de 1,000 gerbes et la possession d'un seul cheval, ce qui est le cas le plus ordinaire; eh bien! avec un très léger manége locomobile et une batteuse proportionnée à cette force, en n'attelant que six heures par jour, ces 1,000 gerbes pourront être battues en cinq à six jours; tandis que nous avons vu bien souvent, suivant le temps, mettre quinze à vingt jours pour dépiquer cette faible quantité de gerbes sur des aires très exiguës où l'on n'étend qu'une centaine, au plus, de ces dernières.

En admettant encore, ce qui est possible, que la dépense pour l'acquisition de la machine ne pût être faite par un seul, plusieurs petits cultivateurs pourraient s'associer, et battre à tour de rôle leur petite récolte; enfin, s'ils ne pouvaient pas l'acheter, ils pourraient la louer au constructeur, ce qui serait peut-être, de la part de ce dernier, le moyen le meilleur à employer pour faire contracter l'habitude de ce procédé de battage dans nos campagnes.

Il faudra du temps, nous le savons, avant qu'il en puisse être ainsi ; car nous connaissons parfaitement l'esprit de nos bons villageois, esprit antipathique et rebelle à toute innovation ; à toute innovation surtout qui se traduit en un déboursé immédiat, fût-il des plus minimes; mais ils savent calculer aussi, et peut-être quand ils auront vu qu'on leur achète leurs pailles pour en extraire le blé qu'ils y laissent, ouvriront-ils les yeux. Ils gagneront de toute manière à se rendre à l'évidence.

L.

N'y a-t-il pas, d'ailleurs, pour ceux qui ne peuvent aborder les grandes machines, celles à battre à bras qui, bien qu'elles aient été frappées de réprobation, n'en sont pas moins préférables au fléau ? Disons-en un mot, car leur emploi a bien aussi son utilité.

L'extrait suivant de notre rapport sur l'Exposition Universelle française en 1855, exprimait l'opinion de la commission départementale au sujet de ces machines ; nous ne saurions donc mieux faire que de le reproduire textuellement :

« Une opinion trop généralement accréditée, ce » nous semble, a condamné les machines à battre » mues à bras d'hommes, par la raison que, du moment que l'on cesse d'employer la force des animaux » à ce travail, l'économie cesse aussi, et que cette

» dernière est en raison directe de l'intensité de la
» première. Ainsi on a dit :

» Dans la machine Papillon, deux chevaux plus cinq
» hommes ou dix-sept hommes, ont produit 15 hec-
» tolitres ; donc un homme produit 0,88 hecto-
» litres.

» Dans la machine Dombasle, quatre chevaux plus
» six hommes ou trente hommes, ont produit 40 hec-
» tolitres ; donc un homme produit 1,33 hecto-
» litres.

» Dans la machine Ransommes, quatre chevaux plus
» quinze hommes ou trente-neuf hommes, ont produit
» 30 hectolitres; donc un homme produit 2,58 hec-
» tolitres (1).

» Une machine à battre à bras, essayée à Nantes,
» par la Société Académique (2), avec quatre ouvriers
» appliqués aux manivelles, un pour alimenter, un
» autre pour approcher et délier les gerbes, et un
» dernier pour retirer la paille à mesure du battage ;
» en tout sept ouvriers, ont obtenu dans une journée
» de huit heures 7 hectolitres 1/2 de blé ; donc un
» homme produit à cette machine 1,07 hectolitres.

» On conclut de là, que le fléau eût produit davan-
» tage, et que, par son moyen, on eût évité une
» dépense d'acquisition de machine qui n'est pas
» moindre de 250 fr.

» Nous reconnaissons que le fléau peut produire,
» dans certains cas, plus qu'une machine mue à
» bras d'hommes, puisqu'il produit plus que la ma-

(1) Nous pourrions ajouter : dans notre machine, 2 chevaux, plus 6 hommes ou femmes ou 17 hommes par supposition ont produit 31 hectolitres; donc un homme a produit 1, 82 hectolitres.

(2) *Le Cultivateur*, numéro d'avril 1840, pag. 214 et suivantes.

» chine Papillon qui ne rend par homme, ainsi dy-
» namiquement évaluée, que 88 litres et presqu'au-
» tant que la machine Dombasle, qui rend 133 litres
» par homme. Aux expériences de Trappes, six
» batteurs au fléau ont produit par homme 120 li-
» tres, presqu'autant que la machine Pinet à deux
» chevaux et deux hommes pour la servir, soit
» quatorze hommes. La machine Duvoir de Lian-
» court, avec deux chevaux et deux hommes, ces
» derniers évidemment très insuffisants pour la ser-
» vir, a produit 2,85 litres par homme, mais cette
» machine n'a travaillé que demi-heure, et nous
» avons dit qu'en travail ordinaire, à moins de dou-
» bler les relais, elle produit bien moins; il faut d'ail-
» leurs, en pratique, au moins six hommes pour
» servir cette machine aussi-bien que toutes les ma-
» chines à deux chevaux.

» Mais, en supposant exactes ces évaluations de la
» force du cheval à six hommes, évaluations que
» d'autres fixent à huit hommes; en supposant exacte
» aussi cette manière de comparer le produit des
» machines, s'ensuit-il que l'on doive exclure de
» la pratique agricole toutes les machines qui ne
» produisent pas plus que le rouleau ou le fléau ?
» Cette conclusion ne nous paraîtrait pas fondée.
» L'emploi d'une machine à battre, en effet, n'a
» pas seulement pour objet l'économie du battage,
» mais aussi la réalisation de certains avantages,
» tels que : un dépouillement plus complet de l'épi,
» lequel peut procurer, suivant les cas, un bénéfice
» de 1 à 3 hectolitres sur 20; la possibilité de battre
» dedans en temps de pluie, et d'utiliser le beau
» temps à d'autres travaux; d'obtenir du blé plus
» propre, moins poussiéreux, qui sera plus appré-

» cié au marché, et d'arriver, par le choc des batteurs, à la destruction des larves d'insectes logées sous l'épiderme du grain. Ces avantages, qui » peuvent être obtenus par toutes les machines à » percussion, quel que soit leur produit, sont trop » importants pour qu'on les mette ainsi de côté, et » qu'on cherche exclusivement dans l'emploi de machines puissantes la réalisation d'une économie très » contestable pour beaucoup d'entr'elles, et qui est » loin d'être le seul avantage qu'on doive leur demander.

» Les très petites exploitations ne sauraient d'ailleurs acheter ni même utiliser économiquement le » battage à forfait de machines coûtant jusqu'à 10,000 » francs. Il leur faut un appareil moins coûteux, et » nous croyons qu'une bonne petite machine, mue » à bras d'hommes, pourrait leur rendre de grands » services. S'il n'en était pas ainsi, on ne s'expliquerait pas qu'un seul constructeur Anglais ait vendu » plus de 3,000 de ces machines, dont l'Exposition » Britannique renfermait un très joli modèle ; nous » voulons parler de la machine à deux manivelles » exposée par MM. Barrett, Exall et Andrews de » Reading Berks. La Suède et la Prusse avaient aussi » de très bonnes machines de ce genre ; on les emploie dans ces pays. Elles y sont très utiles ; bien » mieux, indispensables. Pourquoi n'en serait-il pas de » même en France ? »

Voilà ce que nous disions dans notre rapport ; nous ajoutons aujourd'hui : Chez nous, qui avons le tort d'étouffer presque toujours, dans leur germe, les conceptions les plus utiles, les adversaires des machines à bras posent en principe : « que l'emploi de l'homme ne peut être justifié que par les travaux qui exigent une grande variété d'efforts et l'intervention constante de l'intelligence, ou lorsqu'il permet, grâce à l'intelligence ou à l'adresse qui accompagnent la force humaine, de faire peut-être moins bien avec un simple outil, ce que font les moteurs animés ou physiques, avec des machines compliquées et chères. C'est, jusqu'à un certain point, le cas avec le fléau », disent-ils. Et ils ajoutent : « en est-il de même de la batteuse à bras, de l'homme réduit à tourner la manivelle pendant toute une journée? Poser cette question, c'est la résoudre ; lors même qu'il serait avéré que les machines à bras battent avec autant de perfection que les grandes machines, et que leur prix ne les rend pas inaccessibles à la petite culture en masse. »

Voilà bien tous les arguments les plus sérieux des antagonistes des petites batteuses à bras. Eh bien ! nous qui ne croyons pas, pour bien des raisons, que poser la question, c'est la résoudre, nous demanderons d'abord quelle différence on fait entre le travail d'un homme tournant toute une journée à une manivelle, et celui de ce même homme, obligé, pour obtenir un hectolitre de blé, de frapper 11,250 coups de fléau, ou de donner 50,000 coups de faux pour faucher un hectare de blé ou de fourrage, travaux dans lesquels une habitude machinale laisse parfaitement inactive l'intelligence. Sans doute, il y a une très grande différence ; mais ce n'est pas celle que lui attribuent nos contradicteurs. N'est-il pas évident, en effet, que l'un travaille à couvert, quand il veut, et tout le temps qu'il veut? Que le jour où la pluie rendrait ses bras inactifs, il trouve à les occuper et à chasser l'ennui d'une manière utile ? Il peut abandonner son opération suivant ses convenances ou la reprendre sans que celle-ci en souffre; au contraire, elle sera d'autant meilleure qu'elle aura moins de durée, et qu'il variera davantage l'emploi de ses forces et de son temps.

Mais l'œuvre du fléau, pour qu'elle soit fructueuse, peut-elle s'effectuer ailleurs que sous un soleil brûlant? Son emploi peut-il permettre d'interrompre une opération commencée? Non, la gerbe une fois étendue doit être battue, la paille séparée et transportée, le blé ramassé, balayé jusqu'au dernier grain dans la même journée; voilà le lot du batteur au fléau dehors.

Pour le batteur en grange, le sort en est un peu meilleur, c'est vrai; il n'est pas du moins brûlé par le soleil. Mais les mêmes hommes qui repoussent les batteuses à bras nous disent: que ce battage est, autant que le premier, pénible et insalubre; qu'il laisse toujours des grains dans la paille (au moins 5, souvent 10 et jusqu'à 15 0/0); qu'il est très lent, qu'il ôte de la main au grain; qu'il n'admet que des hommes robustes; qu'il facilite les détournements; que c'est enfin le procédé de battage le plus cher après le dépiquage.

Certes, nous sommes pleinement de cet avis, et c'est aussi pourquoi nous ne comprenons pas, qu'après cela on condamne, au profit du fléau, un très bon instrument, qui sera, quoi qu'on en dise, très précieux dans les exploitations privées de chevaux.

LI.

Notre appréciation de ces machines avait eu lieu dans notre rapport général. Ces lignes étaient écrites lorsque nous avons trouvé dans le *Journal d'Agriculture pratique* une note de M. J. A. Barral, le savant rédacteur de cette inappréciable publication, note qui est la consécration la plus complète de notre manière de voir à ce sujet.

Cette note vient à la suite d'un article de M. Victor Borie sur les batteuses, article très remarquable, bien que l'auteur y exprime une opinion tout-à-fait opposée à la nôtre sur les batteuses mues à bras d'hommes.

Voulant que la lumière se fasse, nous donnons ici un extrait de cet article, qui sera suivi de la note de M. Barral. L'auteur, au sujet de deux petites batteuses à bras, l'une de M. Hamm et l'autre de MM. Borrosch et Jasper, de Prague, en comparant le travail de l'homme appliqué à ces machines et le travail du cheval, s'exprime ainsi :

« D'après toutes les expériences qui ont été faites à » ce sujet, le travail d'une journée de cheval employé » au battage du blé équivaut à celui de huit hommes; » le travail d'un cheval-vapeur, pendant une journée, est l'équivalent du travail de treize hommes. » Evaluées en kilogrammètres, ces diverses forces » peuvent être représentées par les chiffres suivants :

» Un homme par 5,1 kilogrammètres.
» Un cheval ordinaire par 40,8 idem.
» Un cheval-vapeur par 66,3 (1) idem.

» Maintenant si nous cherchons à représenter ces » forces par ce qu'elles nous coûtent, nous trouvons qu'un cheval, à raison de 3 fr. par jour, je » suppose, fera l'ouvrage de huit hommes qui, à

(1) Il y a ici erreur, le cheval-vapeur représente 75 kilogrammètres ou 75 kilog. élevés à 1 mètre dans une seconde.

» 1 fr. 50, par exemple, représenteront une dépense
» totale de 12 fr. Les éléments du calcul peuvent
» varier dans les localités avec le prix de la journée
» d'un homme ou le prix du loyer d'un cheval ;
» mais, quelles que soient les variations qu'ils éprou-
» vent, on nous démontrera difficilement que huit
» journées d'homme coûtent moins cher qu'une jour-
» née de cheval, même en tenant compte du prix
» des différentes machines.

» Cet argument est pour moi concluant et je n'en
» chercherai pas d'autre. »

Nous ferons observer d'abord qu'un homme agissant sur une manivelle est capable, du moins d'après les mécaniciens, d'un *travail* égal à 6 kilogrammètres ; que le cheval attelé au manége et allant au pas fournit une quantité de travail égale à 40, 5 kilogrammètrès. D'où il suit qu'un cheval ordinaire ne représenterait pour la force que 6 hommes 3/4, au lieu de 8.

Mais il y a une autre cause d'amoindrissement relatif de la force du cheval, quand on la considère au point de vue de ce qu'elle coûte. C'est que ce dernier ne saurait, en effet, prêter sa force sans le concours de l'homme, et que l'instrument qui doit la transmettre ou l'utiliser, étant plus solide, plus compliqué que celui auquel la main seule de l'homme est appliquée, coûte aussi plus cher.

Voici donc comment il nous faut comparer, en ce qui concerne la dépense, les deux forces appliquées aux batteuses, en admettant comme cela fut constaté aux expériences de Nantes en 1840, que sept hommes, dont quatre employés comme moteur, pouvaient mouvoir et servir une machine à bras :

Journée de 7 hommes à 1 fr. 50.	.	10 fr. 50
Journée d'un cheval à 3 f.	3 fr. 00	
Plus 3 hommes au moins pour apporter et délier la gerbe, retirer la paille, etc., à 1 fr. 50.	4 50	7 50
Différence. . .		3

Cette différence est déjà loin de celle que faisaient ressortir les calculs de l'honorable collaborateur de M. Barral.

Or, il faut encore diminuer ce chiffre de la différence de l'intérêt et de l'amortissement, un peu plus élevé pour une machine mue à manège, que pour une machine mue à bras d'homme. Sans doute nous n'arriverons pas à équilibrer ces deux dépenses, mais nous les aurons assez rapprochées pour qu'on ne compte plus autant sur leur différence, et qu'on ne s'en fasse plus une arme redoutable contre ce précieux instrument.

Au reste, en ce qui concerne la comparaison avec le fléau, que l'auteur auquel nous répondons, nous permette de lui rappeler ce qu'il a écrit en commençant son excellent article sur les batteuses. Il s'agit du blé laissé dans la paille, évalué au dixième de la récolte.

« Ce dixième de récolte perdue n'est pas une simple supposition ; le battage au fléau nous l'enlevait chaque année. Il a été établi que l'emploi des machines rendait à la consommation de 8 à 10 pour cent de grain, que le battage au fléau laisse dans la paille. Il y a donc pour le cultivateur comme pour le public, un grand intérêt à ce que l'usage des machines à battre soit universellement adopté. »

La machine à battre à bras, nous l'affirmons, sauve aussi ce dixième. Pourquoi dès lors se montrer si sévère, si exclusif à son sujet ? Si ce dixième est sauvé, voyons les résultats.

Nous avons dit que dans les expériences de la Société académique de Nantes, en 1840, une batteuse à bras et 7 ouvriers avaient obtenu dans une journée de huit heures 7 hectolitres et demi de blé. Nous aurions donc pour le prix de revient de ce battage, en supposant une récolte de 75 hectolitres :

10 Journées de 7 hommes ou 70 journées à 1 fr. 50.	105
Intérêt et amortissement du prix d'achat de la machine, supposé de 300 fr., à 10 0/0.	30
Total.	135

Le prix de revient du battage est donc ici de 1 fr. 80 c. par hectolitre.

Or, que coûterait le dépiquage au fléau de cette même récolte, en supposant comme aux expériences de Trappes, qu'un homme batte 120 litres par heure, et que cet homme ne travaille que 6 heures, attendu que le reste de la journée est employé à étendre la gerbe, aux repas, à relever les pailles et à ramasser le grain? Il faudra 10 journées et demie et l'on aura :

10 journées et demie à 1 fr. 50. .	15 75
Blé laissé dans la paille, 10 0/0 sur 75 hectolitres, soit 7 hectolitres 50 litres à 20 fr.	150
Total.	165 75

Le battage de l'hectolitre de blé nous reviendrait donc à 2 fr. 14 centimes, c'est-à-dire 34 centimes plus cher qu'avec notre batteuse.

Notons que nous prenons les résultats les plus élevés possibles, ceux d'hommes luttant avec des machines, et se livrant à un travail de concours, lequel n'a duré qu'une demi-heure, et qu'ils n'eussent pu soutenir longtemps. Nous faisons donc, on le voit, la part très large au battage au fléau, puisque d'après les savants rapporteurs du jury de la sixième classe à l'Exposition Universelle française, en 1855, un batteur au fléau ne bat en moyenne par heure que 34 kilogrammes de gerbes. Le grain représentant 34 pour cent de ce poids, on a un produit en grain par heure de 11 kil. 560 grammes. Supposons d'après les mêmes rapporteurs que la durée moyenne du battage effectif soit de 8 heures, ce qui est énorme, la quantité de grain battu dans un jour par homme équivaudrait à 92 kil. 480 de blé. En admettant 80 kil. pour le poids de cet hectolitre, on aurait en définitive en litres : 115 litres, au lieu de 120 que nous avons portés.

Une prévention fâcheuse a donc, jusqu'à ce jour, frappé d'une injuste condamnation la machine mue à bras d'homme. Sans doute, il est douloureux de penser que ce dernier soit obligé de tourner une manivelle ; mais il l'est tout autant de penser que le battage au fléau, s'il ne lui impose pas un travail de brute, ce qui est contestable, l'expose au moins à des dangers réels pour sa santé ; car, on le reconnaît, le battage au fléau a toujours été considéré comme un des travaux les plus pénibles et les plus malsains de tous ceux qu'exige la culture du sol ; nous ne voyons donc rien de meilleur pour le remplacer, quand on n'a pas les moyens d'acheter un cheval et une batteuse à manége, qu'une bonne petite machine à bras.

Ici une opinion de la plus haute valeur trouve naturellement sa place :

« La machine à battre à bras, dit M. Barral, est
» cependant utile dans les très petites exploitations.
» C'est un instrument mis à la place d'un autre ins-
» trument, c'est-à-dire du fléau. La machine à bat-
» tre à bras, entre les mains d'un homme ou de
» deux hommes, donne-t-elle plus qu'un ou deux
» fléaux et fait-elle mieux ? C'est une question réso-
» lue en faveur des machines à battre à bras dans un
» grand nombre de contrées où ces espèces de ma-
» chines se sont répandues, et où l'introduction des
» grandes machines n'était pas possible, à cause des
» conditions économiques du pays. Les grandes ma-
» chines à battre d'ailleurs ont besoin d'un grand
» nombre d'ouvriers pour leur service. »

Cette opinion, on le voit, est la nôtre, et nous sommes heureux qu'elle se soit produite en faveur de cette machine qu'un préjugé presque général avait fait mettre au rang de beaucoup de choses dont l'utilité a été ainsi longtemps méconnue.

Restera toujours la manivelle abrutissante, cela est vrai : mais qu'y faire ? Ce sera toujours le lot du travailleur de s'abrutir un peu. On ne sait pas d'aujourd'hui seulement que l'exercice continuel des forces musculaires développe celles-ci aux dépens des forces intellectuelles, et réciproquement à des degrés différents, sans doute, suivant les diverses organisations, mais toujours d'une manière d'autant plus sensible, que l'exercice purement physique ou purement intellectuel, ont été, pendant un temps plus long, exclusifs l'un de l'autre. Or, la batteuse à bras exigeant le double concours de l'intelligence et du travail musculaire, n'aura pas pour conséquence, comme on le croit, d'abrutir tout-à-fait l'homme.

Supposons, en effet, une machine à bras, exigeant, comme celle expérimentée à Nantes, sept hommes pour battre 7 hectolitres 1/2 de grain en huit heures, n'est-il pas possible qu'alternativement chacun d'eux fournisse sa part du travail à la manivelle ? Et alors sa durée, pour chacun, ne s'en trouve-t-elle pas réduite à deux heures, que l'on peut fractionner encore autant qu'on le voudra ?

Et quelle est, en définitive, dans l'année, la durée de ce labeur ? Supposons une récolte de 50 hectolitres, elle sera battue en six ou sept jours. En treize ou quatorze jours si elle est de 100 hectolitres, jours que l'on peut choisir encore parmi ceux où la pluie condamne à l'inaction, avantage inappréciable et qui à lui seul les vaut tous.

En tant donc que la batteuse à bras ne sera pas détournée de sa véritable application, il n'y a pas lieu de tant gémir sur le sort de ceux qui, pour quelques jours, abandonneraient le manche du fléau pour prendre la manivelle. Nous avons vu le boulanger au pétrin, entendu ses cris étranges, sauvages, quand il est aux prises avec 3 à 400 kilog. de pâte. La sueur inonde tous ses membres, alors qu'il délaie, durcit, brasse, divise ou corroie tour à tour cette masse compacte dont la ténacité lasse même ses robustes efforts. C'est bien là certes du travail abrutissant.

Mais nous aurions trop à dire, si nous examinions la longue série de travaux pénibles, auxquels soit dans l'industrie agricole, soit dans l'industrie manufacturière, l'homme est forcément assujetti. La science, le génie de la mécanique ont déjà fait beaucoup pour épargner bien des fatigues. Ils feront plus encore; et nous ne désespérons pas de voir la poulie remplacer la manivelle sur la machine à battre à bras, et un homme avec un cheval et un léger manége parcourant les petites exploitations pour battre à forfait les récoltes, ainsi qu'autrefois lorsque la vigne était prospère, à l'aide d'appareils portatifs, on venait distiller le superflu de nos vins.

Mais il faut d'abord introduire notre petite machine au village, la tourner à bras, et puis l'industrie complétera son œuvre.

Nous ne nous dissimulons pas que, pour le moment, notre désir de voir l'emploi de cette petite machine se répandre rapidement, caresse peut-être une chimère; mais ce serait déjà beaucoup si nous avions obtenu sa réhabilitation.

Nous avons vu, en Angleterre, sur de très petites fermes, des batteuses à bras fonctionner dans le voisinage des appareils de battage les plus puissants, mus par la vapeur. Entre ces deux extrêmes, les machines à égréner et mises en jeu par les chevaux au moyen des manéges bien connus de Garrett, de Barrett, etc., conviennent parfaitement aux exploitations de moyenne importance beaucoup plus nombreuses qu'on ne pense dans divers districts de la Grande-Bretagne. Ces appareils y sont employés exclusivement à tout autre procédé pour le battage des grains.

La petite batteuse à bras, si dédaignée chez nous, a ses entrées même sur quelques fermes étendues. On l'y emploie accessoirement quand on n'a besoin d'égréner qu'une petite quantité de blé; circonstance qui exigerait qu'on chauffât la locomobile, ou qu'on détournât les chevaux employés à d'autres travaux.

Nous avons donc la conviction que toutes ces machines, chez nous, comme en Angleterre, en Irlande, en Allemagne, ont leur place marquée sur les exploitations, à tous leurs degrés d'importance, ou suivant les perfectionnements de leur culture. En France comme à l'étranger, elles pourront égréner, avec un bénéfice certain, la récolte la plus faible et la récolte la plus considérable, si chacun, s'aidant de nos renseignements, sait choisir celle de ces machines qui conviendra le mieux à ses besoins.

LII.

Résumant les considérations que dans le cours de cet ouvrage nous avons fait valoir en faveur du battage mécanique, sur la meilleure manière de l'appliquer dans nos contrées, nous formulons ainsi nos conclusions :

Il faut admettre pour règle que, dans les mois consacrés au battage, il pleuvra.

Il faut, surtout en août, considérer la pluie comme un bienfait, une condition nécessaire de la réussite de nos dernières récoltes.

Par suite de ces circonstances et de lois naturelles dont la sagesse est la règle, il n'est permis de considérer le battage à découvert, continué sans interruption pendant les plus beaux et les plus longs jours de l'été, que comme une exception qu'il ne faut pas désirer.

Le fléau, le piétinement des animaux, le rouleau, ne peuvent égréner convenablement les gerbes qu'à la condition d'étendre ces dernières en couches très minces, et d'avoir pour auxiliaires un ciel sans nuages et un soleil ardent.

Si cela est vrai pour les blés coupés à la faucille,

et dont les pailles ont de 70 à 80 centimètres de longueur, leur impuissance est constatée d'une manière bien plus complète, quand on a coupé à la grande faulx des blés dont les tiges ont quelquefois jusqu'à 1^{m} 60 de longueur.

Il en résulte que le fauchage, considéré comme plus avantageux que le sciage des blés, est sinon impossible, au moins suivi de grandes difficultés, à cause de la lenteur de l'égrénage et de l'élévation du prix de revient du dépiquage.

A ce point de vue, les anciens procédés de battage sont devenus un obstacle au progrès.

Ils entravent ou empêchent les travaux que réclament les récoltes futures.

Ils laissent dans la paille depuis 1 fr. jusqu'à 3 fr. par hectolitre de blé récolté.

Ils ôtent *de la main* au grain; ils en amoindrissent par conséquent la valeur.

Leur emploi déprécie la qualité de la paille, au moins en ce qui concerne le piétinement et le rouleau.

Ne permettant pas le battage en *tout temps*, ils exposent le blé aux avaries immédiates causées par la pluie surprenant une airée de gerbes, et à celles subséquentes provenant de la poussière et de l'humidité; ils sont donc le moyen de battage le plus coûteux et aussi le plus long.

Le battage mécanique supprime tous ces désavantages.

Il peut être effectué de deux manières : par les batteuses à vapeur et par les batteuses à manége, les unes et les autres fixes ou locomobiles.

Dans les conditions de notre agriculture, les batteuses avec machines à vapeur fixes, ne conviendraient que dans le cas où une exploitation d'une grande étendue, concentrerait sur un seul point une récolte considérable et utiliserait la force de la machine à des travaux d'intérieur pendant la plus grande partie de l'année.

Les machines à vapeur locomobiles peuvent faire successivement le service de plusieurs métairies ; mais fonctionnant le plus ordinairement dehors, leur emploi ne remédie pas aux inconvénients du battage à découvert.

Plus exposées aux accidents, aux détériorations, conséquences de leur faculté de locomotion, munies d'un générateur plus compliqué, d'un travail plus délicat, moins susceptible d'une surface de chauffe très-étendue, leur consommation de combustible est plus grande, leur emploi plus coûteux que celui des machines fixes. Mais leur travail pouvant être le résultat d'un appareil acheté en commun, une sorte de compensation s'établit et l'avantage peut être égal de part et d'autre, surtout si les cointéressés à l'achat et à l'usage de l'appareil ne tiennent pas compte de l'inconvénient résultant de la nécessité où ils se trouvent de ne battre leurs récoltes respectives que successivement et à des époques qu'aucun d'eux ne saurait déterminer.

Parmi les machines à vapeur fixes, les machines horizontales à grande vitesse sont les plus convenables dans leur application au battage des grains. Parmi les locomobiles, on devra toujours préférer celles qui sont indépendantes de la batteuse, parce qu'entre deux récoltes, si l'on n'en a pas l'emploi, on pourra les louer pour effectuer d'autres travaux.

Le battage à l'entreprise, exclusivement possible par les batteuses à vapeur locomobiles, serait très-avantageux s'il coûtait moins cher, surtout s'il pouvait se faire à couvert et partout.

Cependant, le prix élevé de la machine, sa surveillance, les soins spéciaux qu'elle réclame, ses réparations, la dépense en combustible, en graisse, font à l'entrepreneur une obligation de fixer pour le battage d'un hectolitre un prix plus élevé que par aucun autre procédé connu.

Il ne peut, à cause des mauvais chemins, faire arriver sur toutes les exploitations ses appareils d'un poids considérable.

Il ne lui est pas possible de les faire fonctionner dans les localités où manque l'eau en quantité suffisante et à proximité.

Il a besoin pour leur service d'un personnel, qui, suivant les circonstances locales, ne peut être moindre de 20 à 25 personnes pour chaque 1,000 ou 1,500 gerbes de 10 kil. battues et vannées par jour, ce qui, comme les causes qui précèdent, limite à de rares exceptions, dans nos contrées, l'emploi possible du battage à l'entreprise.

S'il peut être admis comme vrai, que certaines batteuses à vapeur puissent dans les conditions les plus favorables, égréner et vanner par journée de 10 heures 100 hectolitres de blé provenant de gerbes coupées à la faucille, il est prouvé par l'expérience et par le raisonnement, qu'en pratique ordinaire, on ne peut compter que sur un produit de 70 ou 80 hectolitres avec les blés sciés, et de 50 à 60 avec les blés fauchés.

En dépassant ces résultats, on s'expose, si la force est insuffisante, à laisser du grain ; on en casse et on brise la paille si elle est en excès, et si l'alimentation est irrégulière.

L'emploi d'une force dont l'intensité peut être exprimée souvent par une puissance égale à celle de 10 chevaux-vapeur ou de 750 kilogrammes mis en mouvement avec une vitesse d'un mètre par seconde, exige une entente parfaite entre les hommes chargés de l'alimentation et le moteur à tous les moments de son action ; sinon les conditions d'un battage parfait n'existent plus et le prix de revient augmente relativement.

L'expérience constate qu'un homme de force moyenne fait tout ce qu'il peut, quand il prend et soumet au batteur un poids de gerbes de 750 kilogrammes par heure, et qu'il soutient ce travail pendant 10 heures. Par conséquent deux hommes, accomplissant d'une manière continue tout l'effort dont ils sont susceptibles dans ce genre de travail, ne peuvent soumettre, au batteur, en 10 heures, plus de 1,500 gerbes produisant, selon l'état de ces dernières, de 55 à 80 hectolitres de blé.

Toute force, hors de proportion avec celle qui régit en quelque sorte le travail du battage mécanique, la force de l'homme, devient en partie inutile, nuisible même, ou se consommant en frottements vicieux, augmente en pure perte le prix de revient du battage.

De là, il faut conclure avec certitude, que les agriculteurs s'abusent, quand ils attendent une machine dont la puissance leur permettra de battre et vanner en 10 heures plus que les quantités qui viennent d'être indiquées.

Le jour où ces machines merveilleuses doivent réaliser des espérances qui ne sont que les illusions des agriculteurs, est trop en dehors des prévisions de la science et de l'art, pour qu'ils y songent plus longtemps, et se privent dans cette vaine attente de ce qui est incontestablement plus certain.

Une batteuse à vapeur locomobile, n'égrénant pas plus de 55 à 80 hectolitres de blé par jour, ne pouvant fonctionner en tout temps, faisant payer son travail presque le double de ce que coûte l'égrénage par les anciens procédés, n'est donc pas le moyen le mieux approprié aux besoins de la généralité des agriculteurs, soit que ces derniers achètent la machine ou la louent.

Cela admis, il faut reconnaître : qu'en ce qui touche le plus grand nombre des exploitations, les batteuses à manége, mues par 1, 2 ou 3 chevaux, sont bien préférables.

Il est vrai qu'une de ces machines de la force de 2 chevaux, qui n'égrénerait par jour que 4 à 500 gerbes de 10 kilog., ne ferait que le tiers environ de ce que peut égréner une batteuse à vapeur de 6 à 8 chevaux ; mais elle coûte dix fois moins. Elle fonctionne avec un personnel quatre fois moindre ; elle peut *battre en tout temps*, et un mécanicien est inutile pour la surveiller.

Ces machines n'ont pas, comme celles à vapeur, besoin de charbon, d'eau. On peut les faire fonctionner une, deux, trois heures, sans être soumis à la nécessité pour ce travail restreint, de faire monter la vapeur. L'on ne craint pas, en cas de pluie subite, de perdre le combustible employé à produire la force devenue inutile, lorsque le travail est par ce fait rendu impossible pendant le reste de la journée. On abrite à peu de frais ces appareils, et sans avoir à redouter, comme avec les locomobiles, le danger d'incendie ou d'explosion, éventualités possibles.

Avec une batteuse à manège, un agriculteur, s'il y

trouve avantage, peut battre au rouleau l'avoine et l'orge, quand il fait beau, et égréner son blé dedans quand le temps est sombre ou pluvieux. Il est libre de commencer ou de cesser quand cela lui convient. L'entrepreneur de battage dont les moments sont comptés ne le presse nullement ; il n'est pas non plus soumis aux exigences du temps ; il peut battre en été, en automne, en hiver, suivant ses convenances. Il jouit de la faculté d'extraire à loisir jusqu'au dernier grain de la paille, et gagne par ce seul fait près du dixième de son revenu en blé.

Comme cela arrive avec le rouleau, le fléau, etc., il ne s'exposera pas à voir se mouiller une partie de ce blé sur l'aire et à lui voir subir par ce fait, une dépréciation de 20 0/0 ; dépréciation qu'il devra bonifier au boulanger ou au minotier pour leur faire accepter un grain qui ne sera pour lui, malgré cette concession, qu'une cause de perte, et ne fera qu'un très-mauvais produit.

Il est prouvé, en effet, que le pain fabriqué avec des farines de blés sains, blutées à 22 0/0, est plus beau, meilleur, plus *lucratif* que celui dont les farines proviendraient des mêmes blés avariés sur le sol, alors même que ces farines seraient blutées à 40 0/0 !

Il est de notoriété que le boulanger, malgré un rabais considérable, n'accepte qu'avec répugnance le blé surpris par la pluie pendant l'opération du battage ; tandis qu'il donne toujours de préférence 4 à 5 francs de plus par hectolitre du blé qui n'a pas été mouillé, et toujours de 50 centimes à 1 franc de plus par hectolitre de celui qui n'a pas touché le sol de l'aire à battre.

La poussière ramassée sur l'aire adhère intimement au grain, elle se loge dans son écorce, réceptacle ordinaire de toutes les saletés; elle est l'effroi du boulanger, du minotier. Le consommateur la sent craquer sous la dent et accuse la fabrication, impuissante à l'enlever des replis du grain, même par le lavage. Plus peut-être que le genre de mouture, et la nature du blé, cette poussière, qui résiste aux moyens d'épuration les plus énergiques, est bien souvent la cause de l'infériorité de nos farines et de notre pain.

Il n'est plus possible de douter de cette vérité, que les agriculteurs se le persuadent bien, depuis que la boulangerie, par suite de la rareté des grains chez nous en 1556 et 1857, a converti en pain plusieurs milliers de balles de farine expédiées de Paris, et des contrées où le battage mécanique est le plus répandu. Qui ne comprendra que sous ce rapport l'adoption des nouveaux procédés d'égrénage renferme une question agricole et industrielle de la plus haute importance?

La paille elle-même, par l'emploi des batteuses, conserve toute sa qualité; par le rouleau, elle est détériorée en partie.

A Mervilla, les bœufs mangent avec un plaisir extrême les pailles des 1,500 gerbes de bladette et de blé de Roussillon qui furent battues mécaniquement en septembre et en octobre 1857, et la préfèrent à celle des 1,645 gerbes battues au rouleau vers la fin d'août de la même année. Les maîtres-valets considèrent la première comme un véritable fourrage.

La quantité est aussi plus considérable; si 100 gerbes de 10 kilog. passées à une machine qui, comme celle de notre essai, ne brise ni paille ni grain, produisent 570 kilog., ces mêmes 100 gerbes dépiquées au rouleau, ne produiront que 500 kilog. de paille au plus.

Ainsi :

Rapidité dans l'égrénage ; on battra dans une campagne plus de gerbes que par aucun autre procédé connu.

Economie : une partie du personnel suffit : le reste peut être utilisé à des travaux extérieurs urgents à cette époque de l'année.

Plus de blé à vendre ; prix plus élevé.

Plus de paille et meilleure.

Affranchissement de tous les obstacles, de tous les embarras, de toutes les pertes que cause le battage à découvert.

Telle est la sommaire énonciation des principaux avantages que l'agriculteur retirera du battage mécanique, si dans une impatience peu raisonnée, il ne demande pas aux batteuses à manège plus de produit que de perfection dans l'égrénage. Tels seront ses profits, profits plus réels que les chimères dont s'est complaisamment nourrie jusqu'ici son expectative, sur la foi de promesses fondées sur l'erreur.

Qu'il soit bien convaincu de cette vérité : qu'avec un appareil à lui, travaillant à couvert, il saura au juste le jour où il aura terminé le battage de 10,000 gerbes. Il ne le connaîtra jamais, même à peu près, s'il emploie une batteuse à vapeur locomobile, banale ou non, et encore moins s'il dépique au rouleau ou bat au fléau.

Le vrai, le meilleur battage pour l'agriculteur de nos contrées, comme pour l'agriculteur du Nord, de l'Est, du Centre, de l'Ouest, c'est *le battage en tout temps*. La continuité de cette opération possible à peu de frais par les batteuses à manége seules, compensera largement en fin de compte, le produit en apparence plus élevé des batteuses à vapeur.

Le dernier jour de la saison, consacrée à l'égrénage du blé, étant arrivé, les humbles chevaux d'une métairie peuvent, trois fois sur quatre, avoir distancé la puissante vapeur. Les comptes réglés, il se trouve que l'agriculteur qui a battu 1,000 hectolitres, a au moins 1,000 fr. de plus dans sa caisse ; que ses meules sont faites, ses terres préparées pour les emblavements ; ses fumiers répandus ; que les chaumes, s'il n'a pas fauché le blé, les fourrages d'arrière-saison sont coupés et enfermés. Pourquoi? parce qu'avec 6 à 8 ouvriers, il a pu, sans détourner de ses travaux le surplus de son personnel, battre cette récolte de 1,000 hectolitres en 30 jours, environ, à partir du moment où les premières gerbes lui sont arrivées du champ.

Pour l'agriculteur, plus de préoccupation du jour où il pourra battre; rien ne le gène, ne le contrarie ; il est maître de la situation ; il peut n'égréner sa récolte qu'au mois de janvier, s'il veut laisser le grain se nourrir complétement, en épuisant le reste de sève contenu dans les tiges et dans l'épi.

La batteuse à manége est, entre toutes, dans les conditions de notre agriculture, le moyen d'égrenage par excellence. Le doute n'est pas permis à cet égard.

Cet ingénieux et utile appareil assure, comme les innombrables machines qui peuplent les ateliers de l'industrie manufacturière, l'ordre dans le travail, l'enchaînement, la régularité, la certitude dans les opérations, qui sont les éléments principaux de la prospérité de l'une et de l'autre industrie ; il seconde les circonstances providentielles favorables, et atténue les effets de celles qu'il n'est pas au pouvoir de l'homme de conjurer.

L'intérêt public, la salubrité se combinent également de la manière la plus intime à l'intérêt particulier, pour réclamer l'abandon des moyens de battage encore employés. A ce triple point de vue, on peut les appeler barbares, et on doit leur faire subir le même sort qu'éprouvèrent successivement tous les moyens primitifs qu'a engloutis le passé.

La machine à battre est au rouleau ce que le métier à filer *automatique* est à la quenouille, la Jacquart au métier à *la tire*, le foyer catalan au haut fourneau, dont les produits sous forme de fonte, ont permis jusqu'au perfectionnement de nos charrues, et la création des meilleurs instruments de l'agriculture.

Mais point de salut pour les batteuses si elles ne peuvent battre en tout temps! dirons-nous avec un honorable écrivain de notre localité, dont les agriculteurs éclairés apprécient l'opinion et acceptent les conseils qui leur sont donnés chaque semaine dans une chronique agricole, rédigée avec autant d'impartialité que de savoir.

Oui, point de salut pour les batteuses si elles ne battent pas en tout temps, répèterons-nous, avec M. Cruzel, parce que c'est là, la seule condition où se trouve la solution du problème depuis longtemps cherché, *le battage parfait à bon marché*.

LIII.

Traduisant en chiffres définitifs les résultats possibles que promettent en pratique les batteuses à manége, nous posons comme règle, que de rares exceptions pourraient seules faire varier, qu'une machine de la force de 2 chevaux, se relayant de 3 en 3 heures, peut égréner, en 12 heures de travail :

Depuis 1,000 gerbes, du poids de 10 kilogr., en 2 jours, jusqu'à 30,000 gerbes, du même poids, en 60 jours.

Ces quantités sont relatives à la gerbe sciée, dont la paille aurait 0m 80 de longueur.

Avec des gerbes provenant de blés fauchés à une longueur de 1m 20, ou la moitié en sus des blés sciés, on ferait un tiers moins de travail.

Supposons, en effet, 100 gerbes de bladette d'un rendement égal à celui que nous avons trouvé à Mervilla sur des gerbes de 14 à 15 kilo., et pour plus de clarté, ramenons leur poids à 10 kil., on a :

Blé contenu dans 100 gerbes de 10 kil.	430 kil.
Paille de 0m 80 de longueur.	570
	1,000

Prenons, du même blé, une gerbe fauchée, dont le poids serait aussi de 10 kil., et dont la paille aurait de longueur 1m 20, le rendement serait :

Blé.	287 kil.
Paille.	713
	1,000

Il est évident par suite que si, d'une part, on introduit dans la gerbe fauchée 143 kil. de paille en plus sur 100 gerbes, d'autre part on y met en moins 143 kil. de blé ou 33 0/0 du grain produit. Il en résulte que, quoiqu'on ait passé le même poids de gerbe dans un temps déterminé, le rendement en blé étant un tiers moindre dans la gerbe fauchée que dans la gerbe sciée, il faut forcément compter qu'on ne battra que 66 des premières pendant qu'on battrait 100 gerbes de blé scié, quels que soient les moyens que l'on puisse employer pour l'égrénage.

Il est très-essentiel de se bien pénétrer de cette vérité pour n'avoir pas de déception. On doit également être bien convaincu, qu'alors même qu'on n'aurait pas fauché les blés, une batteuse pourrait sembler produire moins sur une exploitation que sur une autre, si les pailles sont d'inégale longueur.

La longueur de la paille est en effet presqu'exclusivement la règle du produit dans l'opération dont s'agit ; la projection du blé oppose bien une certaine résistance, mais cette résistance est hors de proportion avec celle due au passage de la paille. On peut même affirmer qu'étant supposée une longueur de gerbe de 0^{m} 80, chaque centimètre de paille, en plus ou en moins, augmente ou diminue le produit en grain d'un 120me, soit 83 centilitres par hectolitre, ou 8 grammes 1/3 par kilog. de blé récolté.

En répétant autant de fois ces chiffres qu'il y a de centimètres de paille en plus ou en moins, on doit pouvoir déterminer très-approximativement le produit d'une batteuse pour toutes les longueurs laissées au blé.

Il est indispensable d'avoir égard à ces circonstances dans le travail des machines à battre ; nous ne saurions assez insister sur ce point.

LIV.

Cela démontré, les chiffres que nous avons donnés étant admis, le rendement serait :

Pour la gerbe coupée à la faucille :

En blé.	43 0/0
En paille.	57 0/0
	100

Pour la gerbe coupée à la grande faulx :

En blé.	28 7 0/0
En paille.	71 3 0/0
	100

Ces données nous permettent d'établir de la manière suivante les rendements, proportionnels en paille et en grain, de 1,000 à 10,000 gerbes de 10 kil. sciées et fauchées, à savoir :

Nombre de gerbe	BLÉ hectolitres de 75 kilog. — Gerbe sciée.		Gerbe fauchée.		PAILLE quint. métriques de 100 kilog. — Gerbe sciée.	Gerbe fauchée.	
1,000	57 h.	33 l.	38 h.	26 l.	57 q.	71 q.	3
2,000	114	66	76	52	114	142	
3,000	172		114	78	171	213	9
4,000	229	32	153	04	228	285	2
5,000	286	65	191	30	285	356	5
6,000	344		229	56	342	427	8
7,000	401	31	267	82	399	499	
8,000	458	64	306	08	456	570	4
9,000	516		344	34	513	641	7
10,000	573	33	382	60	570	713	

D'après ce tableau, et d'après ce que nous avons déjà dit, on voit qu'avec une batteuse et un manége à 2 chevaux, on peut égréner depuis 38 hectolitres en blé fauché, jusqu'à 57 hectolitres en blé scié en deux jours, et depuis 382 jusqu'à 573 hectolitres des mêmes blés en 20 jours.

Soit par heure :
En blé scié 2 hectolitres 38 litres.
En blé fauché 1 » 60 »

Du 1er août au 30 septembre, il y a 52 jours de travail pour le battage à couvert. En comptant 12 heures en août et 10 heures en septembre pour la durée du travail de chaque journée, on aurait :

En août	26 jours de 12 h.	soit	312 heures
En septembre	26 jours de 10 h.	soit	260 id.
		Total.	572

La quantité de blé battu serait par conséquent dans cette période :

En blé scié.	1,361 hectolitres.
En blé fauché.	915 id.

On peut faire le même travail en un temps double, avec deux chevaux seulement, attelés 3 heures le matin et 3 heures le soir ; on pourrait même bien souvent gagner une heure, en les laissant 4 au lieu de 3 heures.

On obtiendra à peu près la moitié en sus, si l'on a une machine à 3 chevaux doublée d'un relai, c'est à dire :

2,040 hectolitres des gerbes sciées.
1,372 » des gerbes fauchées.

Avec 3 chevaux sans relai attelés 3 heures le matin et 3 heures le soir, on égrénerait :

1,100 hectolitres provenant de gerbes sciées.
733 » » » fauchées.

Ces chiffres varieront, avons-nous dit, suivant le poids des gerbes, leur rendement et le poids de l'hectolitre de ce même blé ; on peut les accepter néanmoins, comme un point de départ d'une exactitude satisfaisante, pour l'appréciation du travail des batteuses à manége, attendu qu'ils sont le résultat d'expériences faites avec soin ; mais seulement, en ce qui concerne les deux variétés de blé connues sous le nom de bladette, et de blé fin du Roussillon, lesquelles sont le plus généralement cultivées, la première surtout, dans nos contrées. Il est à croire que, même pour les blés gros, les rendements seraient peu différents.

Les produits en blé que nous avons indiqués, ne sont pas vannés. Cette opération peut avoir lieu simultanément, ou à part. Pour la faire coïncider avec le battage, il suffit d'avoir un tarare, muni d'une poulie à laquelle on communique le mouvement au moyen d'une courroie prenant le sien sur la batteuse. Dans ce cas, le produit diminuerait un peu.

Si l'on ne voulait pas battre et vanner simultanément, on pourrait alterner ; battre, par exemple, 100 hectolitres, et les vanner ensuite, en disposant le tarare, pour marcher avec le manége. Un seul cheval suffit largement dans ce cas, et cette besogne serait terminée en 3 à 4 heures.

On peut avec un bon tarare, mu à bras, un homme et un enfant, vanner parfaitement, en un jour, de 20 à 30 hectolitres, 25 en moyenne. Une batteuse qui, comme la nôtre, ne brise ni paille ni épis, rend cette opération très-simple et très-rapide à la fois.

On ne saurait trop insister sur ce fait : que les nettoyages et vannages, quand ils sont combinés au battage sur une même machine, compliquent au dernier point tout l'appareil ; ils augmentent en dehors de toute proportion la résistance et affectent par cela même le produit. Ils amoindrissent en outre un des principaux mérites des batteuses, en les rendant difficilement transportables, à moins de créer de volumineuses et de coûteuses machines : lesquelles, comme celles de Clayton, Horsnby, Garrett, Pitts, la vapeur peut seule mettre en jeu. Alors les deux opérations se font à la fois ; mais aussi le battage coûte presque le double.

Que les agriculteurs qui emploieront les batteuses à manége ne se préoccupent donc pas plus du nettoyage du blé, qu'ils ne s'en inquiètent en dépiquant au rouleau. Ils ont tous les moyens de l'effectuer à moindres frais et mieux que les batteuses et vanneuses combinées, lesquelles ne font cette opération que d'une manière incomplète, et ne dispensent pas de l'opération plus parfaite qui doit rendre le blé vendable.

Généralement les batteuses à un seul cheval sont peu employées ; elles peuvent cependant être utiles sur la propriété dont la récolte en blé est peu importante, et quand on veut profiter de tous les avantages que procure le battage mécanique à couvert. Que ce cheval travaille avec ou sans relai, il produira *relativement* un peu plus que chacun des deux chevaux attelés ensemble ; mais le prix de l'appareil sera *relativement* plus élevé.

Pour profiter de tous les avantages que promet le battage mécanique, il faut, venons-nous de dire, que batteuse et manége soient à couvert. Cette condition est de la plus haute importance, bien qu'elle ne soit pas exclusive de l'emploi des batteuses à manége dans les circonstances ordinaires de notre région agricole.

On a vu, en effet, que nous avons battu dehors à Mervilla, après la pluie, avec le vent d'autan, le brouillard le plus épais et la rosée ; seulement nous avions soin de couvrir de planches et de toiles la batteuse et son manége les jours de pluie et la nuit, à cause de la rosée. Tout cela est déjà beaucoup; mais c'est peu eu égard à ce que l'on gagne en battant à couvert, c'est-à-dire en tout temps.

LV.

Le local pour abriter l'appareil pourrait, au reste, se construire à peu de frais : quelques piliers en briques crues ; les intervalles en pisé ou cloisons, une charpente légère, formeront toujours, adossé ou non à une construction existante, un bâtiment qui conviendra parfaitement.

Dans le cas où la batteuse pourrait trouver place dans les locaux déja construits, on pourrait mettre le manége dehors, sous un hangar adossé au mur de ces bâtiments. Un hangar de 8 mètres de côté suffirait amplement. Que faudrait-il pour l'établir, et que coûterait-il ?

Six piliers en briques crues avec fondation en caillou ou béton-pisé de 0^m 50 sur 0^m 50 et 2 mètres 50 cent. de hauteur, soit un cube de 37^m 50 qui, à 7 fr. le mètre cube, en moyenne, font, ...	262 fr. 50
Une toiture couverte en tuile canal de 72 mètres carrés de surface, y compris le stillicide, toiture qu'on peut parfaitement faire exécuter à 5 fr. le mètre carré, ci.	360 fr.
Enfin, si l'on veut se fermer, 50 mètres carrés de cloison ou de pisé à 1 franc 60, ...	80 fr.
Total,	702 fr. 50

Beaucoup de propriétaires qui ont le bois pourront certainement bâtir à bien meilleur marché. Mais, supposons qu'il en coûte ce maximum, on a pour les déboursés :

Hangar pour abriter le manége seulement, ...	700 fr.
Prix d'achat du manége et de la batteuse pour deux chevaux, ...	1,000 fr.
Excellent tarare pour vanner, . .	200 fr.
Total,	1,900 fr.

Avec cette dépense ne dépassant certes pas les moyens d'un très grand nombre d'agriculteurs, on peut braver la pluie et battre depuis 1,000 gerbes de 10 kil en deux à trois jours jusqu'à 12,000 gerbes de 10 kil. en vingt-cinq à trente jours.

Avec trois chevaux on battrait de 15 à 16,000 gerbes dans le même temps.

Si l'on était obligé d'abriter manége et batteuse sous le même toit, la dépense doublerait peut-être en ce qui concerne la construction ; mais on peut affirmer, si l'on tient compte de tout, qu'on l'aurait gagnée :

En trois ans, si la récolte est de 4 à 5,000 gerbes.

En deux ans, si elle est de 6 à 8,000 gerbes.

En un an, si elle est de 15 à 16,000 gerbes.

Nous avons vu faire des expériences bien plus coûteuses, consacrer plus de 12,000 fr. à l'achat de machines dont l'amortissement de la valeur est pour ainsi dire impossible, surtout si le premier besoin de l'agriculture est de battre à bon marché. Pourquoi ne tenterait-on pas une expérience qui laissera toujours sur une propriété rurale une valeur réelle, un bâtiment très utile, en supposant qu'on se fût trompé, ce qui est hors de toute prévision ?

Rien, du reste, ne saurait détruire ce fait, que si l'on tient compte des jours de mauvais temps qui n'arrêtent pas leur travail, les batteuses à manége peuvent permettre d'atteindre la fin du battage en aussi peu de temps que les appareils mus par la vapeur.

Cela ne veut pas dire que les batteuses à vapeur soient inutiles, tant s'en faut! Ce que nous voulons bien établir, c'est que dix-neuf fois sur vingt, chez nous, on doit leur préférer les batteuses à manége. Un manége à la campagne est un moyen toujours prêt de faire bien, vite et économiquement une foule d'opérations, dont l'importance ou la durée ne justifieraient pas assez l'achat d'une locomobile à vapeur, moteur entraînant, comme on sait, des exigences inconciliables avec les habitudes agricoles. La possession d'un manége n'exclut pas d'ailleurs l'emploi des locomobiles pour les travaux extérieurs, si le temps est beau et que la dépense soit justifiée et couverte par l'urgence de ces travaux ou par leurs résultats.

On se méprendrait donc grandement, si l'on interprétait, dans le sens d'une exclusion absolue, ce que nous pouvons dire des machines à vapeur employées, soit au battage, soit à d'autres travaux. Personne plus que nous n'apprécie ces ingénieux appareils et ne comprend l'utilité qu'en pourra retirer un jour l'agriculture; ce jour est encore éloigné, on ne saurait en douter. Dès-lors, pour le moment, les batteuses à manége sont pour nos contrées la règle, et les batteuses à vapeur l'exception. On peut raisonner, argumenter, rien ne saurait détruire cette vérité que l'expérience rendra chaque année plus évidente.

LVI.

Quand on parle de machines à battre à manége à quelques agriculteurs de notre pays, on est presque toujours accueilli avec cette réponse : « Ces machines crèvent les chevaux. » Il y a là une de ces préventions qui ne s'appuient sur aucune preuve. Elle est plutôt le résultat d'une de ces insinuations intéressées au discrédit des batteuses, insinuations dont nous avons déjà parlé et que certains propriétaires acceptent sans examen, ou partagent par erreur, quand ils ne trouvent pas dans ce motif chimérique un argument commode pour repousser une amélioration qu'ils savent déplaire aux estivandiers et un moyen de plier sans qu'il y paraisse devant leurs répugnances.

Dans la Seine-Inférieure, il y a 1,489 machines à battre qui emploient 3,403 chevaux, lesquels travaillent annuellement aux manéges de 10 à 260 jours, suivant l'importance des récoltes ; les fermes des environs de Paris, dans un rayon très étendu, ont toutes des manéges ; il y en a dans l'Ouest, dans le Centre, dans l'Est, des quantités considérables, et on ne se doute pas le moins du monde, dans ces contrées où le battage mécanique est chose devenue vulgaire, que les chevaux attelés aux manéges puissent fatiguer davantage qu'à tout autre travail, si l'on proportionne la résistance à leur force.

En conséquence, des agriculteurs de bonne foi, instruits, peuvent-ils sérieusement se faire les échos d'inventions uniquement dues à la fertile imaginative des détracteurs du système nouveau qui rattachent à l'emploi des batteuses, objets de leurs méfiances, une foule de mécomptes résultant de causes tout-à-fait étrangères? Ne voient-ils pas tout autour d'eux des manéges en activité? ceux-ci employés à fondre le fer à côté du bruit assourdissant d'un ventilateur qu'ils font mouvoir, à tourner ce même fer, à bluter les farines, à faire l'huile, à faire l'amidon, le vermicelle; ceux-là employés à puiser l'eau, au moyen de pompes ou de *Norias*, à broyer les mortiers pour les grands travaux d'art, à piler le plâtre? Ne voient-ils pas des manéges, dont les chevaux tournent au fond d'une *dragueuse* dans un étroit espace, arrachant mécaniquement tous les jours du lit de la Garonne le gravier et le sable? Ces divers travaux ont-ils jamais incommodé les chevaux? A-t-on jamais reculé devant ces diverses applications de la force des animaux, dans la crainte de leur donner *le vertigo*, *de les rendre fous*, etc., ainsi que le prétendent les habitants des campagnes?

Il y a vingt-cinq ans, nous montâmes sur une propriété rurale une meule verticale pour faire sortir de sa *balle*, au moyen de la pression, la graine de trèfle. Le manége était mu par une jument du pays on ne peut plus ordinaire, âgée de quatorze ou quinze ans et aveugle; elle avait coûté 90 francs. L'égrénage d'une quantité considérable de trèfle dura près de deux mois. Non-seulement cette bête dont le prix peut donner une idée, ne fut pas incommodée de son travail de chaque jour rendu plus pénible par une marche sur un circuit de 1^{m} 50 au plus de rayon, mais encore elle fit après cela, pendant plusieurs années, un service des plus utiles sans jamais se ressentir de son travail au manége.

Si nous citons ce fait entre plusieurs, c'est pour rassurer les propriétaires et les tenir en garde contre des préjugés sans fondement.

Quand ils ne sont pas habitués à tourner, quelques chevaux se trouvent un peu plus fatigués que d'habitude dans les premiers jours ; mais une fois faits à cette marche, ils n'en sont nullement affectés ; des milliers d'exemples le démontrent.

A moins d'employer de ces manéges vicieux qui absorbent la force au lieu de la transmettre, on n'a guère besoin d'avoir de forts chevaux. Sans doute, leur travail n'en serait que meilleur ; mais presque toujours, il suffit que ces animaux soient habitués au tirage ordinaire. Les chevaux qui traînent le rouleau tirent très bien au manége ; s'ils étaient aveugles, ce défaut deviendrait une qualité.

Les agriculteurs qui craignent pour ces animaux, s'ils doivent être attelés au manége, doivent bien se persuader que le tirage du rouleau sur la paille leur est bien plus pénible que le tirage au levier lorsqu'il a lieu sur un sol ferme et à l'abri de l'ardeur du soleil.

Si nous pouvions conclure à cet égard d'un fait récent qui nous est personnel, nous dirions : que les quatre juments qui ont battu au manége à Mervilla dont l'une était pleine et l'autre nourrice, se portent très bien, tandis que nous avons vu mourir, presque en même temps et peu de temps après le dépiquage au rouleau de l'été dernier, les deux chevaux d'un fermier du quartier de l'Embouchure, qui nous cultive à moitié fruits quelques hectares de terre.

Cet homme, qui n'était pas un des moins ardents détracteurs des batteuses et des manéges, parce qu'il avait été influencé comme bien d'autres, ne dit plus rien aujourd'hui.

Pour nous, qui avons vu les chevaux de ce cultivateur constamment couverts de sueur, tandis que ceux de notre batteuse avaient le poil sec, il ne nous est pas permis de douter que les premiers n'aient succombé par suite de leurs fatigues excessives, augmentées quelquefois par la nécessité où l'on était de terminer avant la nuit une opération qui se poursuivait avec une grande lenteur, tant à cause de la longueur des pailles, de la grande quantité d'herbes étrangères contenues dans la récolte que des jours couverts ou pluvieux. D'après cela nous pourrions retourner l'argument de nos contradicteurs de bonne foi ou des détracteurs malveillants des batteuses et dire : c'est le travail du rouleau qui *crève les chevaux* et non le travail du manége.

Là, en effet, quand on emploie deux chevaux, lesquels ne peuvent être attelés autrement que de front, l'un, celui du plus grand cercle, doit marcher à 0^m 90, tandis que celui du cercle intérieur ne doit marcher qu'à 0^m 80 par seconde, pour que le tirage soit uniforme. La moindre variation dans les rapports de ces deux allures impose toute la charge à un seul cheval. Or, le rouleau est un *poids mort ;* il n'a pas comme l'organe batteur d'une machine à battre, une vitesse acquise qui, pendant un temps limité, il est vrai, mais très appréciable, peut suppléer au défaut d'harmonie momentanée des deux efforts ; faire l'office de volant et régulariser l'action du moteur. Dans le dépiquage au rouleau, les choses se passent autrement : si un cheval ne tire pas, l'autre traîne tout seul la charge de deux ; la fatigue imposée à chacun à tour de rôle dans ce cas est portée à son comble dans les premières passes, ou quand la paille vient d'être remuée, la masse de pierre ne roulant plus avec la même facilité sur les couches qu'elle doit comprimer et lisser.

Nous n'insistons pas davantage sur ce point; le raisonnement et l'observation étant d'accord pour démontrer que le dépiquage au rouleau est un travail plus pénible pour les bêtes de trait que le battage mécanique.

Si l'on partage bien les relais, si l'on n'attèle pas les premiers les chevaux qui ont travaillé les derniers la veille; si l'on a soin de les couvrir de bons filets pour les garantir des mouches qui les tracassent plus que le tirage ne les fatigue, qu'on ne cherche pas à exagérer le produit d'une journée, les chevaux ne se trouveront pas plus incommodés par le travail d'une attelée de trois heures, que s'ils traînaient leur charge ordinaire sur une route; ils fatigueront moins que s'ils labouraient.

Un sol ferme, uni et de niveau facilitera beaucoup leur marche. Leurs yeux doivent être couverts avec des œillères en cuir très convexes. On prendra la précaution de n'ôter ces dernières qu'après qu'ils seront rentrés à l'écurie afin d'éviter, sur les yeux de ces animaux, les effets de la subite impression de l'air et d'une trop vive lumière. Si l'on prend tous ces soins, on peut être sans crainte sur le sort des chevaux qu'on destinerait au travail du manége.

Mais pardessus tout, ce qu'il ne faut jamais oublier, c'est que le principal mérite des batteuses mues par les animaux étant de permettre de travailler en tout temps, il faut bien se garder pour terminer quelques jours plus tôt, de forcer l'attelage. L'opération du battage mécanique, si on ne lui demande que ce qu'il peut réellement donner, se poursuivra sans mécompte d'aucune sorte et sans interruption, jusqu'au passage de la dernière gerbe.

Il se compliquera, au contraire, deviendra plus

coûteux toutes les fois qu'on cherchera à abréger l'opération, en excédant la force du moteur que l'on a, ou que l'on fera appel à une force supérieure ; qu'on visera à faire, par exemple, en 10 jours de travail, ce qui exige 24 jours.

LVII.

La récolte prochaine avance ; les agriculteurs auront-ils oublié, à cette époque, qu'une année perdue pour une amélioration de premier ordre est non-seulement la cause d'une perte immédiate, mais que tout retard réagit fâcheusement sur le revenu de plusieurs années ? Oublieront-ils qu'après l'abandon du fléau et du piétinement, procédés barbares, il ne leur reste plus que trois moyens pour égréner leurs ré coltes :

Le rouleau,
Les batteuses à vapeur,
Les batteuses à manége.

Etant donné entre 1,000 et 24,000 une moyenne de 12,000 gerbes de 10 kil., ils auront des résultats différents, suivant qu'ils emploieront l'un ou l'autre mode.

Le temps étant constamment beau, si on peut à la rigueur dépiquer ces 12,000 gerbes en 10 jours avec le rouleau, lorsqu'on a 4 aires pouvant contenir chacune 300 gerbes, qu'on dispose de 8 chevaux et d'un personnel de 30 à 40 personnes, il n'en saurait être de même si ces moyens exceptionnels viennent à manquer.

Aura-t-on, en supposant possible ce dépiquage au rouleau sur une grande échelle, assez d'espace couvert pour recevoir les produits et ne faudra-t-il pas les vanner pour faire de la place? cela est probable. On ne pourra donc pas dépiquer tous les jours. Or, chaque jour perdu pour le dépiquage en plein air, déjoue tous les calculs, dérange toutes les combinaisons ; la pluie est là, il faut la désirer pour le bien d'autres récoltes. Si elle arrive, on ne peut plus savoir quand on finira; si le dépiquage d'un hectolitre de blé doit coûter 1 fr. 25 quand l'opération générale a été terminée en 10 jours, on ne sait plus ce qu'il coûtera quand ce terme est dépassé. Le blé laissé, les pertes causées par la pluie, le temps perdu, sont des dépenses qu'il faudra ajouter à celles ordinaires de nourriture de chevaux, de main d'œuvre, etc.

Une batteuse à vapeur, s'il ne pleut pas, si rien ne se dérange, si l'eau ne manque pas, peut, en 14 jours avec un personnel nombreux, rendre le produit de 12,000 gerbes imparfaitement vanné ; mais le battage d'un hectolitre aura coûté, suivant le cas, de 1 fr. 35 à 2 fr.

Une batteuse à manége de la force de 3 chevaux, doublée d'un relai, battra et vannera le produit de ces 12,000 gerbes en 24 jours au plus, si elle est à couvert, et le battage d'un hectolitre n'aura pas coûté plus de 90 c.

En résumé :

Le dépiquage au rouleau, c'est l'incertitude ; c'est un jeu auquel dans une série d'années on perd trois fois sur quatre.

Le battage à la vapeur, par *locomobiles*, permet de compter, quoique faiblement avec un peu plus de certitude, si l'on a une machine à soi ; avec moins de probabilité, si l'on emploie une machine banale ; mais il a d'autres inconvénients et il coûte plus cher.

Le battage à couvert, avec un manége, n'offre aucune incertitude sur sa durée; 12,000 gerbes seront battues en 24 jours, sans qu'aucune variation atmosphérique puisse le déranger; il n'exige qu'un faible personnel, il coûte de 25 à 30 0/0 meilleur marché que le battage au rouleau, de 35 à 50 0/0 au-dessous du battage à la vapeur; il est réalisable à l'heure du fermier ou du propriétaire rural; on le laisse, on le reprend à volonté sans qu'il en coûte rien; il procure un rendement de 3 à 10 0/0 plus élevé que le dépiquage au rouleau, et supérieur dans bien des circonstances au battage à la vapeur.

LVIII.

Tels sont les résultats qu'aucune expérience ne saurait démentir, voilà la vérité; elle doit être l'objet des méditations les plus sérieuses des agriculteurs en ce moment qui touche presque à la récolte chez nous; elle doit l'être aussi de la part de leurs ouvriers dont les répugnances sans fondement ne nous semblent pas être un des moindres obstacles à la rapide et générale adoption de ces utiles machines. Ceux-ci n'ont qu'à gagner cependant à leur emploi; car s'ils sont estivandiers et terminent en 10 ou 24 jours un travail qui peut durer de 20 à 50 jours et qui ne leur est pas plus payé pour cela, ils gagnent de 12 à 20 journées; ils ont plus de blé et leur tâche est bien plus facile. Qu'ils y réfléchissent: il s'agit autant d'eux que de leurs concitoyens, lesquels sont intéressés à ce que le travail que la Providence a dévolu à l'ouvrier agricole soit bien fait et donne des produits abondants et salubres.

L'ouvrier de la fabrique, pendant 12 à 14 heures de la journée, aspire les émanations délétères et la poussière de l'atelier, supporte des fatigues de tout genre pour produire à bon marché les vêtements dont se couvre le travailleur des champs ; que ce dernier, en retour, fasse trève à ses répugnances mal fondées, contre l'emploi d'un instrument qui rendra le pain du travail industriel moins cher et plus sain ; plus sain surtout. Or, chez l'ouvrier de fabrique, privé de respirer l'air pur et vivifiant des champs, le besoin d'une alimentation salubre se fait doublement sentir. Cette alimentation ne saurait qu'être malfaisante avec le pain que donne le blé égréné par le rouleau ou les pieds des chevaux.

Pourquoi donc les estivandiers, ou ouvriers à tout autre titre de la ferme ou de la propriété rurale, n'acceptent-ils qu'avec contrainte ces batteuses, qui leur permettraient d'acquitter la dette de la reconnaissance à l'égard de leurs frères nombreux d'une autre industrie? Craignent-ils que les machines ne leur enlèvent le travail? Eh bien! qu'ils se rassurent et écoutent parler l'*ancien directeur des cultures de l'Institut Agronomique de Versailles*, résumant les idées de M. de Lavergne, chargé par l'académie des sciences morales et politiques, d'étudier la condition actuelle des classes rurales en France ; idées savamment développées par M. de Lavergne, membre éminent de cette académie, dans un ouvrage intitulé : l'*Agriculture et la Population*.

« Sans doute, dit M. E. Lecouteux, les progrès » de la mécanique agricole tendent, comme les pro- » grès de la mécanique industrielle, à substituer, » tant que faire se peut, le travail des machines » à celui des hommes. Mais s'ensuit-il que cette

» substitution désirable ait été jusqu'à présent l'une
» des causes auxquelles il est permis d'attribuer la
» dépopulation des campagnes? A-t-on le droit de
» dire que la machine à battre, le semoir, la houe
» à cheval, la locomobile à vapeur, la faneuse mé-
» canique, etc., etc., aient, en quoi que ce soit,
» diminué, dans nos fermes, la demande de main
» d'œuvre? Soutenir de pareilles affirmations, ce se-
» rait oublier, ce me semble, que plus l'agriculture
» se perfectionne, plus elle a besoin de bras, et
» notons bien ce fait, de bras intelligents. Voilà ce
» que paraissent avoir complétement perdu de vue
» plusieurs écrivains qui, dans cette question de la
» population, ont parlé des besoins de l'agriculture en
» hommes qui connaissent beaucoup mieux l'écono-
» mie industrielle que l'économie rurale. Plus fami-
» liarisés avec cette dernière science, ils auraient
» su que parmi les éléments qui déterminent le
» choix des systèmes de culture, il faut surtout ac-
» corder une très-grande importance au chiffre de
» la population ouvrière. Voyez, en effet, les pays
» les moins peuplés, l'agriculture forestière et pas-
» torale y domine; montez un échelon, vous trou-
» verez la culture arable avec les jachères et le
» pâturage; voyez enfin les pays très-peuplés, et
» vous êtes en présence de la culture intensive, de
» la culture sans jachères, de la culture avec stabu-
« lation du bétail et prédominance des racines, des
» fourrages artificiels, des plantes industrielles et
» jardinières. Il est vrai que les machines se multi-
» plient à mesure que la terre est mieux cultivée;
» mais comme, d'autre part, les besoins de la con-
» sommation publique augmentent, il arrive que,
» jusqu'à présent du moins, l'accroissement de fer-

» tilité du sol, cause de l'extension des cultures in-
» dustrielles et jardinières, s'est traduit par un plus
» grand besoin de main-d'œuvre. Et non-seulement
» il a fallu plus de bras, mais, et ceci est énorme,
» pour les populations ouvrières, le travail rural,
» autrefois concentré sur la saison des moissons, est
» devenu mieux réparti sur toute l'année. Ainsi, il
» a fallu des ouvriers pour les binages du printemps,
» pour les récoltes d'automne, pour les travaux
» d'hiver dans les usines agricoles. Dès-lors, moins
» de chômage, mais un travail mieux équilibré,
» mieux soutenu, mieux rétribué : voilà la vérité.
» Les machines n'ont nullement déterminé l'émigra-
» tion des populations rurales, puisque l'agriculture
» d'ailleurs en présence de débouchés plus larges,
» n'a jamais eu autant besoin de main-d'œuvre que
» depuis l'époque du perfectionnement des machi-
» nes. »

Oui, disons-le bien haut nous aussi aux populations rurales de nos contrées, c'est là la vérité, et ceux qui la méconnaîtraient, ou manquent de franchise, ou ne veulent pas être éclairés.

Ouvriers ruraux ! Dieu a marqué au front l'homme du signe de la perfectibilité ; cette noble faculté qui le distingue des êtres privés de raison, se révèle dans toutes ses œuvres ; aidez à son développement providentiel.

Le travail, sous toutes ses formes, est un champ immense à travers lequel roule le char du progrès ; chacun de nous concourant au mouvement qui l'entraîne vers ses destinées mystérieuses, peut, élément passif ou actif, le retarder ou le faire avancer. Le moment est venu où l'expérience du passé décuplant les forces du présent, sa marche s'accélère ; plus rapide, elle exige plus d'unité dans l'effort, plus d'harmonie dans la volonté; aujourd'hui la prospérité commune, le bien-être de tous, sont à ce prix.

Ne repoussez donc pas nos machines; elles sont le levier du progrès. Croyez-en notre expérience, quand vous les connaîtrez bien, vous les aimerez, car elles vous affranchiront de bien des fatigues. Vous vous y attacherez comme se sont attachés aux machines d'un autre genre des millions d'ouvriers qui peuplent les ateliers de l'industrie, et qui attendent d'elles leur pain de chaque jour. Si elles s'arrêtaient, que deviendraient-ils? Et vous qui paieriez dix, vingt fois plus cher tous les objets qui vous sont nécessaires, n'en souffririez-vous pas les premiers?

Si pour ensemencer, cultiver, couper, lier le blé qui doit produire 3,000 gerbes; si pour en extraire le grain, le vanner, faire les meules de paille, il est nécessaire que vous soyez 8 personnes, l'introduction d'une batteuse à la métairie ne supprimera pas un seul d'entre vous, mais elle vous permettra de faire en 10 ou 20 jours ce que vous ne pourriez faire qu'en 20 ou 40 jours; vous aurez plus de journées payées.

Peut-être, diront certains d'entre-vous : « pendant que les chevaux traînent le rouleau, nous nous reposons, et avec la machine nous serons toute la journée sur pied. » Nous pourrions vous répondre : comment faisiez-vous quand vous battiez au fléau, et comment font ceux qui sont encore obligés de frapper au soleil ardent du mois d'août, 11,250 coups de fléau pour égréner un hectolitre de blé? Nous préférons vous dire : vous ne voudrez plus du repos que vous laisse le rouleau quand vous aurez réfléchi à ce qu'il vous coûte. A la campagne comme partout, le temps gagné, c'est de l'argent gagné.

Si vous avez part à la récolte de 3 à 4,000 gerbes, une batteuse augmentera pour vous cette part de 3 à 5 hectolitres. Vous n'aurez pas à consulter le temps le matin pour savoir si vous devez aventurer sur le sol 300 gerbes de ce blé qui a échappé à tant de dangers, sujet pendant neuf mois de toutes vos alarmes; vous ne craindrez pas de le voir surpris par la pluie qui l'a épargné à la floraison, ou s'égrénant difficilement par un temps sombre, humide, se perdre en partie avec la paille.

Etendre en couche mince tous les matins 300 gerbes, retourner à l'ardeur du soleil 6 à 8 fois la paille; le soir venu, la secouer brin à brin, râtisser, balayer une vaste surface, vous paraît-il plus simple, moins pénible que de passer ces 300 gerbes à une machine, laquelle vous laisse sans crainte sur les changements de temps, et la fin de la journée arrivée, vous permet de vous retirer sans exiger de vous encore des opérations souvent interminables ?

Certes, il n'est pas un seul d'entre vous qui, après avoir compris les avantages des batteuses, après avoir pris l'habitude de leur facile emploi, désirât le retour aux labeurs qu'impose le rouleau, ou autres moyens tout aussi peu dignes d'être conservés.

La batteuse, c'est pour vous moins de peine et plus de profit. Voilà la vérité, écoutez-la ! L'avenir vous prouvera que nous ne vous trompions pas.

Nous avons à cœur la propagation des batteuses dans notre pays; pour cela nous avons étudié d'une manière toute spéciale et batteuses et battage, nonseulement dans les expositions ou les concours, mais sur le terrain de la pratique. Si les renseignements que nous donnons ici ne suffisaient pas, les agriculteurs trouveront toujours chez nous les éclaircissements qu'ils pourraient désirer, comme aussi les indications les plus sûres pour diriger leur choix, et l'empêcher de s'égarer dans ces systèmes dont la réputation n'a de valeur qu'à la condition de les appliquer avec discernement.

Eviter, enfin, aux agriculteurs, les déceptions qui naissent toujours de l'emploi de machines trop compliquées ou vicieuses, leur proposer une batteuse qui a fait ses preuves, tel est notre but.

La vérité que nous avons dû dire, au risque de paraître sévère ou personnellement intéressé, servira bien mieux au triomphe des nouveaux procédés de battage, que l'approbation sans réserve de tout ce qu'on propose ou le silence qui perpétue l'indécision.

EXPLICATION DES TABLEAUX.

—

Tableau n° 1.

Le tableau officiel donnant les résultats des expériences faites par le Jury de l'Exposition, en 1855, présente une colonne relative au nombre de révolutions par minute des batteurs appartenant aux diverses machines essayées ; d'après nous, cela ne suffit pas pour apprécier le travail de ces appareils.

Il peut arriver, en effet, que de deux batteurs, faisant chacun 1,000 tours par minute, la vitesse de l'un soit le double de la vitesse de l'autre, si le diamètre du premier est le double du diamètre du second. Il s'ensuit qu'en indiquant seulement le nombre de révolutions de cet organe, on n'indique rien du tout. Ce qu'il importe principalement de connaître après sa vitesse angulaire, c'est le diamètre du batteur ; diamètre d'où on déduit la vitesse à la circonférence par seconde ou la vitesse linéaire, laquelle est la seule expression de l'énergie du choc, condition essentielle d'un bon battage. Ayant pu relever très approximativement les dimensions de la plupart des batteurs appartenant aux machines essayées soit au Conservatoire des Arts et Métiers, soit dans le local voisin de l'Exposition, nous les avons indiquées dans la 5e colonne.

La 6e colonne contient la vitesse à la circonférence par seconde de ces mêmes batteurs.

Nous ferons observer, au sujet des chiffres 5 et 3, exprimant le maximum et le minimum de perfection du battage, qu'on ne peut s'empêcher d'être dans une grande indécision relativement à leur valeur.

A-t-on voulu dire que la machine qui a mérité le chiffre 5 ne laisse absolument rien dans les épis, soit 0, pour 100 hectolitres de blé récoltés, et que celle qui n'a obtenu que le chiffre 3 laisserait 2/5es ou 40 0/0 de ce même blé? S'il en était ainsi, on ne s'expliquerait pas pourquoi la machine américaine de Pitts qui, à ce compte, aurait laissé 20 0/0 de blé dans la paille, aurait reçu la première des récompenses.

Quoi qu'il en soit à cet égard, il est à regretter que la valeur absolue du chiffre le plus élevé n'ait pas été exprimée. Une précision quelconque à ce sujet donnerait une toute autre signification aux résultats de la 7e colonne, présentant le poids des gerbes battues par heure avec chaque machine, et ne laisserait aucune prise au doute, doute toujours fâcheux dans une question aussi capitale.

Au reste, les essais auxquels s'est livré le jury ont été longs et pénibles et, quels que soient les regrets que nous exprimons plus haut, nous ne pouvons nous empêcher de reconnaître qu'il n'a fallu rien moins que la constance, le dévouement et l'abnégation des hommes qui avaient bien voulu accepter cette laborieuse et délicate mission, pour qu'il ait été possible de doter l'industrie et l'agriculture d'un document plein d'intérêt, document qui permet aujourd'hui de comparer les machines étrangères avec les machines françaises autrement que d'une manière empirique.

Les résultats les plus extraordinaires de ce tableau sont ceux fournis par les machines Lotz aîné et Renaud et Lotz, lesquelles battraient par heure avec la force d'un cheval 661 et 668 kil. de gerbes, tout en ayant mérité le chiffre *maximum* 5 pour la perfection du battage. Ces résultats officiels qui sembleraient donner un démenti à ce que nous avons avancé au sujet des batteuses à manége mues par engrenage, n'étonnent plus quand on sait que les expériences qui les ont fournies ont été de très courte durée ; nous avons puisé dans la pratique des données plus certaines ; nous n'avons pas besoin de répéter combien, dans le travail ordinaire, ces résultats sont différents.

En supposant que les quantités battues par heure fussent moitié moindres, cela ne nuirait en rien au mérite réel de ces machines, du reste très appréciées. On devrait se contenter d'un semblable produit, qu'on trouvera encore trop élevé si on le rapproche des faits de la pratique.

Il y a d'ailleurs dans le tableau qui nous occupe une machine, celle de M. Pinet, mue par courroie, dont le produit, par heure et par cheval, a été de 814 kil. de gerbes, c'est-à-dire 22 0/0 plus élevé que le produit des machines des constructeurs de Nantes. Il est vrai que le chiffre qui exprime la perfection du battage, n'est que 4 au lieu de 5 ; mais si ce que nous avons dit au sujet de la valeur absolue de ces chiffres ne permet pas d'affirmer qu'il y ait compensation, on doit au moins reconnaître que, quelle que soit cette valeur, la machine Pinet, comme toutes celles mues par courroie, à produit égal, battra aussi-bien qu'une batteuse à engrenages, et n'aurait pas ses graves inconvénients.

Tableau n° 2.

Peu de mots sont nécessaires pour faire comprendre ce tableau dont les indications frappent à première vue. Nous ferons observer cependant que le signe *P*, non accompagné d'un chiffre relatif à la quantité d'eau tombée, signifie que le jour désigné par ce signe il a plu, mais *si faiblement* qu'il n'a pas été possible d'apprécier par l'udromètre la quantié d'eau tombée.

Les totaux placés au bas du tableau ne reproduisent pas toujours exactement la somme des jours variables ou couverts, attendu que certains jours de pluie étant des jours complétement couverts et d'autres variables, on a dû les comprendre dans la somme de ces derniers.

Nous n'avons pas jugé à propos de noter les jours de grêle et d'orage, afin de ne pas compliquer davantage ce tableau. Ces phénomènes n'ont d'ailleurs aucune importance quant à l'objet de notre travail, s'ils ne sont pas accompagnés de pluie.

Si malgré tous nos soins, quelques erreurs de détail s'étaient glissées dans cette combinaison synoptique, elles ne sauraient infirmer que d'une manière très insignifiante les résultats généraux, et à plus forte raison les *moyennes*, bases de nos conclusions.

TABLE DES MATIÈRES.

DEUXIÈME PARTIE.

Des divers systèmes des Machines à Battre.

—

Toulouse, Impr. Troyes Ouvriers Reunis, rue Saint-Pantaléon, 3.

855.

UNION	331	7,45	3,95	3.50	4	2	4,5	»
AMÉRICAI	313	7,45	4	3,45	3,5	2	3,5	»
BELGIQU	174	7,65	6,20	1,45	3,5	5	»	»
SAXE.	635	0,82	»	»	3,5	3	»	»
	609	1,19	0,50	0,69	4	5	4,5	16
	522	1,36	0,35	0,81	3,5	4	5,	10
	453	1,18	0,57	0.61	3,5	5	4	16
	814	1,39	0,21	0,83	4	2	»	5
	661	1,01	0,18	1,18	5	1	»	5
FRANCE	668	1,13	0,33	0,80	5	1	»	5
	430	»	»	»	3,5	5	4	14
	307	»	»	»	3,5	5	4	16
	554	»	»	»	4	2	»	4
	523	»	»	»	3,5	2	»	6
	411	»	»	»	3	5	»	8
	287	»	»	»	3,5	2	»	4
ANGLETE	567	»	»	»	3,5	2	»	5
	531	»	»	»	3,5	2	»	4
PRUSSE	516	»	»	»	3,5	2	»	4
	282	»	»	»	3	2	»	5

(*) L'ast
1 Les rel
2 Cette
3 Machi
4 et 5 C
6 Le blé
7 Machin
8 Chevaut toute une attelée.
9 Cheva
10 Cheva
11 Cheva
12 et 13 tours par minute
14 Cheva
15 Cheva
16 et 17
18 Cheval
19 Cheva
20 Cheva
21 Cheva
22 Cheva
23 Cheva

N° 1.

EXPOSITION UNIVERSELLE FRANÇAISE EN 1855.

EXPÉRIENCES DU JURY SUR LES MACHINES A BATTRE LE BLÉ.

NOMS ET PROVENANCES.		GENRE de machine (*). En long (L). En travers (T). Portative (P). Fixe (F). Avec nettoyage (N). Sans nettoyage (O).	MOTEUR.	TOURS du batteur par minute.	DIAMÈTRE DU BATTEUR.	VITESSE du batteur à la circonférence par seconde.	POIDS des gerbes battues p. heure avec la force d'un cheval.	Travail consommé par la machine en charge.	Travail consommé par la machine à vide.	DIFFÉRENCE.	Perfection du battage exprimée par 5.	Conservation de la paille exprimée par 5.	Nettoyage du grain exprimé par 5.	Nombre de battes à chaque batteur.
		Machines mues par la vapeur 1.												
							Kilogr.	Chev.	Chev.	Chev.				
	DUVOIR.	2 T F N	Locom. du Conserv.	»	0,68	»	336	6,02	1,83	4,19	4,5	5	4,5	16
	CUMMING.	3 T P N	Idem.	497	0,68	17m 60	231	6,50	4,70	1,80	4	5	4,5	16
FRANCE.	ROUOT.	T F N	Idem.	»	0,60	»	432	2,12	0,97	1,15	3,5	5	4,5	14
	ROUX.	T F N	Idem.	»	0,80	»	272	7,35	3,60	3,75	3	4	3	15
	RENAUD ET LOTZ.	4 L P O	. . . .	1,100	0,50	28 80	643	6	»	»	5	1	»	5
	LOTZ aîné.	5 L P O	. . . .	1,400	0,50	28 80	797	6	»	»	5	1	»	5
	HORNSBY.	T P N	Idem.	1,000	0,48	25 12	229	10,52	6,50	4,02	4	4,5	4,5	8
ANGLETERRE.	GARRETT.	T P N	Idem.	815	0,51	21 75	199	8,52	6,28	2,24	3,5	4,5	4,5	8
	CLAYTON.	T P N	Idem.	970	0,50	25 30	346	11,45	9,52	1,93	3,5	5,	4,5	10
UNION	PITTS.	6 L P N	Idem.	1,240	0,40	25	331	7,45	3,95	3,50	4	2	4,5	»
AMÉRICAINE.	PAIGE	L P N	Idem.	938	0,40	19 63	313	7,45	4	3,45	3,5	2	3,5	»
BELGIQUE.	HAINE-SAINT-PIERRE.	T F N	Idem.	1,080	»	»	174	7,65	6,20	1,45	3,5	5	»	»
SAXE.	HAMM.	7 L P O	Idem.	....	....	....	635	0,82	»	»	3,5	3	»	»
		Machines à manège.												
	DUVOIR.	8 T F N	2 chevaux.	544	0,68	19m 36	609	1,19	0,50	0,69	4	5	4,5	16
	DAMEY.	9 L P N	2 id.	»	0,60	»	522	1,36	0,35	0,81	3,5	4	5,	10
	CUMMING.	10 T F N	2 id.	»	0,44	»	453	1,18	0,57	0,61	3,5	5	4	16
	PINET.	11 L P O	2 id.	1,002	0,50	26 25	814	1,39	0,21	0,83	4	2	»	5
	LOTZ aîné.	12 L P O	2 id.	1,148	0,50	30	661	1,01	0,18	1,18	5	1	»	5
FRANCE.	RENAUD ET LOTZ.	13 L P O (*)	2 id.	....	0,50	»	668	1,13	0,33	0,80	5	1	»	5
	ROUOT.	14 T F N	2 id.	»	0,60	»	430	»	»	»	3,5	5	4	14
	PASQUET-ROUX.	15 T P N	2 id.	»	0,66	»	307	»	»	»	3,5	5	4	16
	THÉROLE.	16 L F O	2 id.	1,020	0,50	27	551	»	»	»	4	2	»	4
	ARTHUIS.	17 L F O	2 id.	700	0,50	18 30	523	»	»	»	3,5	2	»	6
	GÉRARD.	18 T P O	1 id.	»	0,52	»	411	»	»	»	3	5	»	8
	LEGENDRE.	19 L P O (*)	2 id.	772	0,44	17 75	287	»	»	»	3,5	2	»	4
ANGLETERRE.	GARRETT.	20 L P O (*)	2 id.	765	0,35	14	567	»	»	»	3,5	2	»	5
	DREWITZ ET RUDOLPH.	21 L P O (*)	2 id.	608	0,50	15 90	531	»	»	»	3,5	2	»	4
PRUSSE.	KAEMMERER.	22 L F O	2 id.	608	0,50	15 90	516	»	»	»	3,5	2	»	4
	STEIMMIG.	23 L F O	4 id.	853	0,50	22 32	282	»	»	»	3	2	»	5

(*) L'astérique indique que l'enlèvement et l'installation sont difficiles.
1 Les relevés et les calculs relatifs aux machines mues par la vapeur, sont de M. Tresca.
2 Cette machine était fixe, mais il y en a de mobiles montées sur quatre roues qui donnent les mêmes résultats.
3 Machine montée sur quatre roues.
4 et 5 Ces deux machines ont fonctionné avec leur machine à vapeur, dont on a évalué la force à six chevaux.
6 Le blé était un peu humide, et au début, le contre-batteur trop éloigné du batteur.
7 Machine à bras essayée avec la locomobile du Conservatoire.
8 Chevaux forts. — Bras du manège raccourcis de 0m 30. — Travail très-supportable pour les chevaux pendant toute une attelée.
9 Chevaux forts. — Mal dressés. — Travail fatiguant.
10 Chevaux forts. — Tirage difficile, mais supportable.
11 Chevaux ordinaires. — Tirage faible.
12 et 13 Chevaux ordinaires. — Tirage dur au début, facile ensuite, supportable pendant une attelée, avec deux tours par minute.
14 Chevaux forts. — Tirage ordinaire et supportable.
15 Chevaux forts. — Mais rétifs. — Tirage excessif.
16 et 17 Chevaux forts. — Mais rétifs. — Tirage très-fort pour deux chevaux.
18 Cheval grand. — Mais léger. — Fatigue minime.
19 Chevaux forts. — Tirage assez dur.
20 Chevaux forts. — Tirage trop dur pour deux chevaux.
21 Chevaux forts. — Tirage variable avec la pression du contre-batteur.
22 Chevaux très-forts. — Travail excessif. — Il faut trois à quatre chevaux.
23 Chevaux forts. — Tirage assez dur et que les chevaux n'auraient pu supporter pendant toute une attelée.

PC

si

OCTOBRE.

P	4,76	◑		1	15,77	◑		P	1,25
●		P	9.55	◑		◑		P	3,75
P	6,81	P	0,80	◑		P	3,20	P	0,70
P	2,30	P	31,90	P	0,88	P	2,	P	2,20
●		P	2,70	P	0,83	P	10,	●	
P	0,11	◑		P	1,67	P	0,80	⊙	
P	0,09	◑		●		⊙		◑	
P	7,63	P	1,55	●		◑		⊙	
P	9,24	P	0,35	P	1,33	⊙		⊙	
◑		P	6,10	P	5,18	◑		⊙	
P	0,35	P	4,23	●		⊙		◑	
P	0,44	◑		⊙		P	2,20	P	0.68
◑		P	0,27	⊙		P	11,95	P	4,15
◑		◑		●		◑		P	0,44
⊙		◑		⊙		◑		P	3,32
◑		◑		⊙		P	1,40	P	2,29
◑		◑		●		●		P	0,22
P	1,35	⊙		●		◑		◑	
◑		⊙		⊙		P	7,30	P	1,01
P	7,25	⊙		⊙		⊙		●	
P	0,12	P	0,20	⊙		◑		◑	
P	3,60	P	0,10	⊙		◑		P	1,32
P	5,09	⊙		⊙		P	0,20	◑	
●		⊙		⊙		P	0,50	P	1,11
P	0,37	◑		⊙		◑		◑	

		mill.		mill.		mill.		mill.		mill
Jo	21		8		12		8		5	
Jo	7		18		9		16		13	
Jo 8,	3		5		10		7		13	
Jo	1	57,20	13	66,75	6	25,66	12	50,90	17	34,58
Jo	19		19		6		8		12	
Jo	5		11		16		7		12	
Te	11,74		13,86		10,79		13,93		11,5	
Mi	4,70		4,50		0,		6,2		5,5	
Ma	28.90		24,		19,5		24,		19,1	
M	19,42		10,24		8,11		10,40		8,9	
M	14,06		17,43		13,17		17,47		14,1	

N° 6.

MÉTÉOROLOGIE AGRICOLE DE TOULOUSE ET DE PARIS POUR 1854-1855-1856-1857.

Le signe ○ signifie beau temps ; ◐ signifie temps variable ou demi-couvert ; ● signifie ciel couvert ; P signifie pluie.

Jours du mois	JUILLET. 1854. Toulouse. État du ciel.	Hauteur d'eau tombée.	Paris. État du ciel.	Hauteur d'eau tombée.	1855. Toulouse. État du ciel.	Hauteur d'eau tombée.	Paris. État du ciel.	Hauteur d'eau tombée.	1856. Toulouse. État du ciel.	Hauteur d'eau tombée.	Paris. État du ciel.	Hauteur d'eau tombée.	1857. Toulouse. État du ciel.	Hauteur d'eau tombée.	Paris. État du ciel.	Hauteur d'eau tombée.
[illegible]	[illegible]	[illegible]	[illegible]	[illegible]	[illegible]	[illegible]	[illegible]	[illegible]	[illegible]	[illegible]	[illegible]	[illegible]	[illegible]	[illegible]	[illegible]	[illegible]

Jours du mois	AOUT. 1854. Toulouse. État du ciel.	Hauteur d'eau tombée.	Paris. État du ciel.	Hauteur d'eau tombée.	1855. Toulouse. État du ciel.	Hauteur d'eau tombée.	Paris. État du ciel.	Hauteur d'eau tombée.	1856. Toulouse. État du ciel.	Hauteur d'eau tombée.	Paris. État du ciel.	Hauteur d'eau tombée.	1857. Toulouse. État du ciel.	Hauteur d'eau tombée.	Paris. État du ciel.	Hauteur d'eau tombée.
[illegible]	[illegible]	[illegible]	[illegible]	[illegible]	[illegible]	[illegible]	[illegible]	[illegible]	[illegible]	[illegible]	[illegible]	[illegible]	[illegible]	[illegible]	[illegible]	[illegible]

Jours du mois	SEPTEMBRE. 1854. Toulouse. État du ciel.	Hauteur d'eau tombée.	Paris. État du ciel.	Hauteur d'eau tombée.	1855. Toulouse. État du ciel.	Hauteur d'eau tombée.	Paris. État du ciel.	Hauteur d'eau tombée.	1856. Toulouse. État du ciel.	Hauteur d'eau tombée.	Paris. État du ciel.	Hauteur d'eau tombée.	1857. Toulouse. État du ciel.	Hauteur d'eau tombée.	Paris. État du ciel.	Hauteur d'eau tombée.
[illegible]	[illegible]	[illegible]	[illegible]	[illegible]	[illegible]	[illegible]	[illegible]	[illegible]	[illegible]	[illegible]	[illegible]	[illegible]	[illegible]	[illegible]	[illegible]	[illegible]

Jours du mois	OCTOBRE. 1854. Toulouse. État du ciel.	Hauteur d'eau tombée.	Paris. État du ciel.	Hauteur d'eau tombée.	1855. Toulouse. État du ciel.	Hauteur d'eau tombée.	Paris. État du ciel.	Hauteur d'eau tombée.	1856. Toulouse. État du ciel.	Hauteur d'eau tombée.	Paris. État du ciel.	Hauteur d'eau tombée.	1857. Toulouse. État du ciel.	Hauteur d'eau tombée.	Paris. État du ciel.	Hauteur d'eau tombée.
[illegible]	[illegible]	[illegible]	[illegible]	[illegible]	[illegible]	[illegible]	[illegible]	[illegible]	[illegible]	[illegible]	[illegible]	[illegible]	[illegible]	[illegible]	[illegible]	[illegible]

Pour paraître prochainement :

LES

MACHINES A MOISSONNER.

ÉTU

SUR

LA BOULANGERIE.

Toulouse, Imprimerie Troyes Ouvriers Réunis.

www.ingramcontent.com/pod-product-compliance
Lightning Source LLC
LaVergne TN
LVHW021427170726
843501LV00005B/1228
9782329616087